ヒルサイドテラス+ウエストの世界
— 都市・建築・空間とその生活

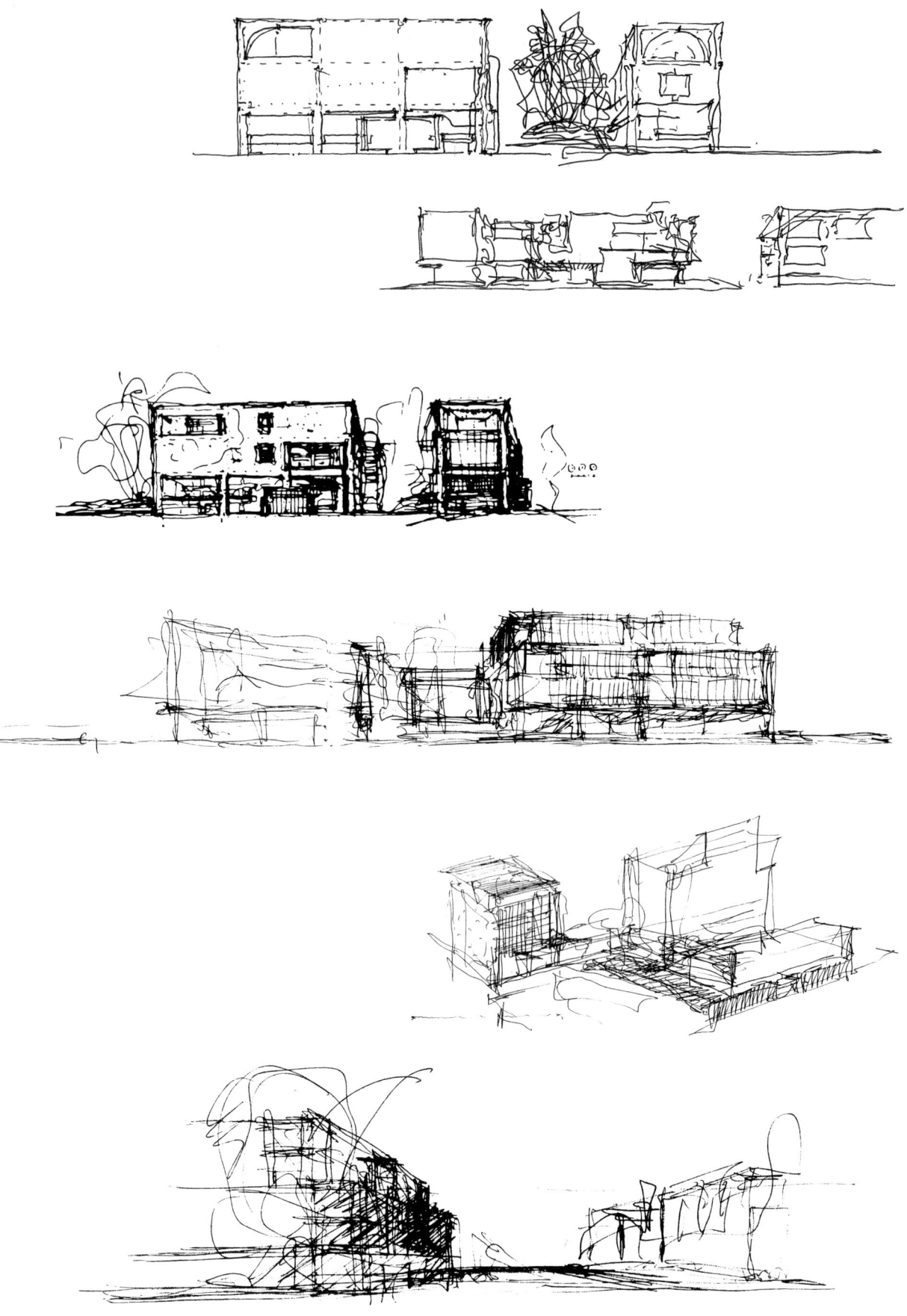

HILLSIDE TERRACE 89-90

ヒルサイドテラス+ウエストの世界 ― 都市・建築・空間とその生活

目次

01	ヒルサイドテラス+ウエスト 2005	
08	序文 ― ヒルサイドテラス+ウエストの世界	槇 文彦
10	ヒルサイドテラス+ウエスト 1969-1998	

28　都市の中のヒルサイドテラス+ウエスト

30	代官山周辺の歴史と変遷	槇 文彦
32	ヒルサイドテラスと代官山の街	元倉眞琴
38	ヒルサイドテラスをめぐる文化・社会活動と都市性	前田 礼
44	スロー・アーキテクチャー	五十嵐太郎
46	町が生き続ける仕組み	植田 実
52	伝統が息づく都市開発	ロナルド・E.ラボイエ

57　ヒルサイドテラス+ウエストの建築・空間・都市性

57	パブリック領域と住居ユニットの構成	解説：槇 文彦
93	街並みとしてのヒルサイドテラス+ウエストの解読	門内輝行＋槇 文彦

115　ヒルサイドテラス+ウエスト 図面集

136　資料

序文 ― ヒルサイドテラス+ウエストの世界
槇 文彦

この本はヒルサイドテラス+ウエストのプロジェクトの集大成であると同時に、その周辺も含めた、過去30年間の緩やかな環境の成熟の記録でもある。
現在この世の中に多くの建築のプロジェクトがある中で、このような進行形のかたちで一つの記録にまとめる事が出来た背後には、幾つかの条件と理由があったと思う。

このプロジェクトは巨大でもなければ、また建築自身が社会的にも注目を浴びるような美術館、コンサートホールの類でもない。それは2000㎡に満たない店舗と共同住宅のコンプレックスから始まった。35年前も、今日でも、極ありふれたビルディングタイプである。またこのプロジェクトはその形態、プログラミング、素材の利用等において、特に革新的なものでもない。にも拘わらず、ヒルサイドテラス・コンプレックスが、第1期が完成してから30年以上経た今日、尚、新鮮なメッセージを送り続け得ているのは、一つに単なる建築の複合体であるという事を越えて、小さいながらも都市の中で独特の雰囲気をもった社会的資産として広く認知されつつあるからではないだろうか。
あらゆる公共施設は―建築も土木も含めて―社会資産である。しかしここで民間資本が投資し、所有するこのプロジェクトに対して、敢えて社会的資産という言葉を使ったのは、ここに住む、或いは仕事をする人達にとってだけでなく、ここを訪れる、或いは通り過ぎる人、更には周辺に住む人達に対しても、ある安定した且つ親しみのある都市環境を提供する事に成功しているからであろう。

戦後日本は半世紀に亘り、大都市から中小都市、町村に至るまで膨大な環境投資を行ってきた。その途次で世界第2の経済大国になった事を考えれば、他の先進国、後進国に比して、目も眩むような投資額であった事は想像に難くない。にも拘わらず、特に住居を中心とした社会資本の形成に失敗した。特にモータリゼーションだけが一方的に進んでしまった中小都市中心部市街地には悲惨な景観を呈している処が少なくない。また、住居特に集合住宅では多くの研究と実践とその実現もなされたにも拘わらず、こうした現実に我々は直面している。昨今、景観論が賑やかにメディアでもとりあげられる事が多い。しかし表層の美観を云々する以前に、住居を中心とした社会資本形成の失敗と貧困がその背後に存在する事を忘れてはならないと思う。

ヒルサイドの計画も当初からこうした事を目論んで出発した訳ではない。そこには既に多くのところで述べられてきたように、様々な幸運の重なりがあったからである。一つは30年間という長期間に亘りこの計画が段階的展開として行えた事、第2に敷地そのものが旧山手通りに面し、周縁も含めて優れたフィジカルな環境が既に存在していた事、そして何よりも施主、建築家の

間の厚い信頼関係を核として、その周辺にこうした環境の形成に協和する様々な人間関係、人的資源の構築が、この本の標題にあるように、一つの世界の実現を可能にしたのである。

この本はこのような一つの世界の実現の過程の中で建築家である私達が、建築と都市環境をつくる立場から、どの様に考え、何をつくっていったかという記録でもある。先に述べたように、先ず冒頭では、様々な立場の人々、例えばつくり手そしてここの住人、或いはここで働く人、そして一世代の違う批評家達、という異なった立場と目が見、感じたヒルサイドの世界を多角的に紹介している。

そして、この本の核となる次の部分では、特に各々のフェイズにおける空間の中心的テーマが何であり、そこからどのような風景が展開していったかを集録している。例えば第1期（1969）ではコーナープラザから始まってA棟の小アトリウム、中庭、或いはB棟のペデストリアン・デッキに繋がるパブリックスペース、第2期（1973）では中央のオープンコート、第3期（1977）では猿楽塚、デンマーク大使館（1979）の中庭、第6期（1992）ではフォーラムとそれに繋がる前庭、そしてヒルサイドウエスト（1998）における二つの道を連結するパッサージュ、そしてこれらと旧山手通りとの関係を出来得る限り、今日の姿として紹介している。

先に述べた社会的資産を形成する為の必要条件即ち安定し、且つ親しみのある空間の提供とは、実は旧山手通りも含めたこうしたパブリック性の豊かな場所群の存在が様々な情景をつくり出し、人々の共感を増幅していく事により始めて可能となったのである。

一方、半世紀に亘る幾つかの節目の中で、東京という都市のライフスタイルの変化に対応した様々な住居ユニット、例えばメゾネットタイプ、ワンルームタイプ、テラスハウス、そしてSOHOタイプ等が併せて集録されている。

この30年間、ヒルサイドでは随所に様々な手が加えられ、また店舗を筆頭に、多くの借り手、住み手の交替も少なくなかった。しかし、こうした小さなメタモルフォーゼを許容しながら、ヒルサイドの全体はその姿を失うことなく生き生きと呼吸し続けている。そこには何世紀に亘って常に手を加えながら生き続けてきた古いヨーロッパの都市の中核をなす中低層の住居、店舗群の生態にも似たものがある。日本の古い集落や町屋も嘗てそうであったように。基本的には姿を変えることのない建築環境と、一方、生活の変化も含めた様々な外的条件のプレッシャー間に、常にある均衡を保つ事の出来るようなしなやかさが存在するか否かに、社会的資産形成の原質がある事が次第に明瞭になってくる。この1冊の本からこうした隠された都市の本質の一端が汲みとられれば幸いである。

ヒルサイドテラス+ウエスト
1969 — 1998

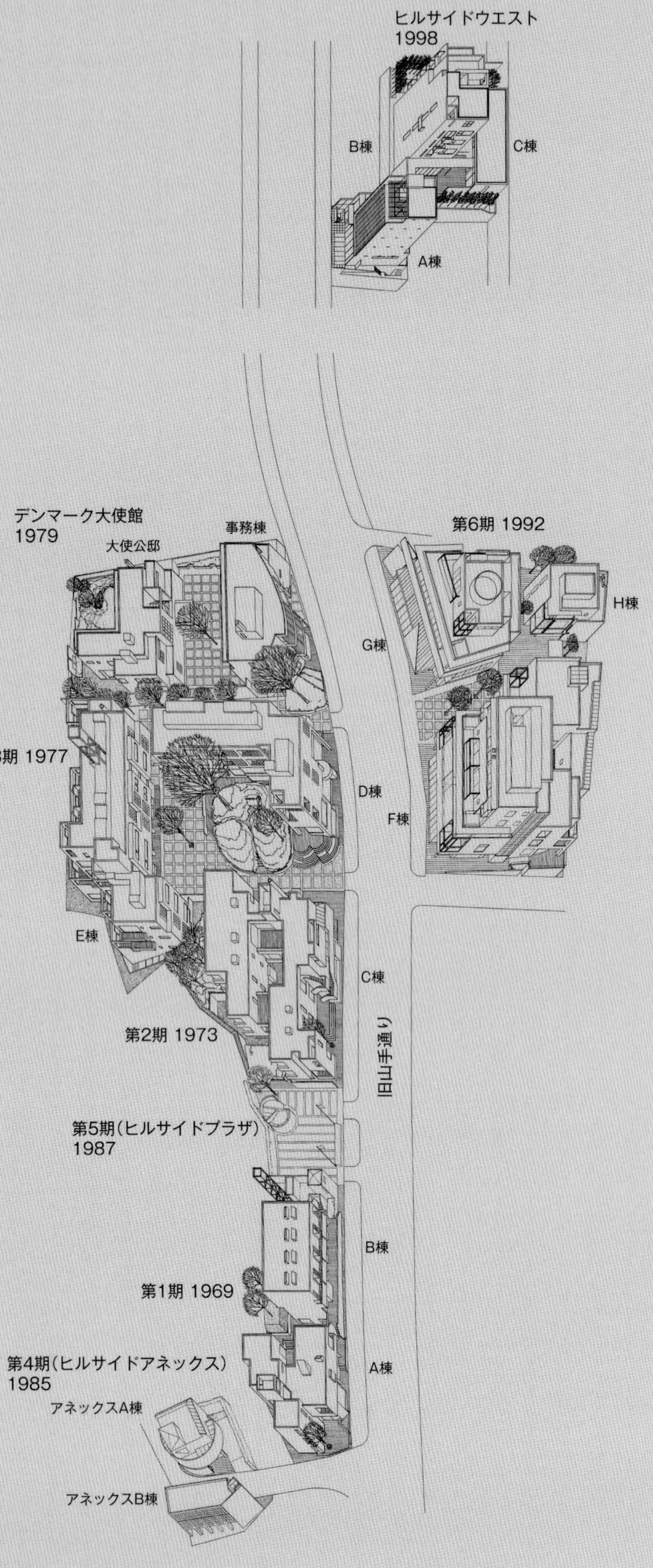

ヒルサイドウエスト
1998

B棟　　C棟

A棟

デンマーク大使館
1979

大使公邸　事務棟　　第6期 1992

H棟

G棟

第3期 1977

D棟

E棟

F棟

C棟

第2期 1973

旧
山
手
通
り

第5期(ヒルサイドプラザ)
1987

B棟

第1期 1969

A棟

第4期(ヒルサイドアネックス)
1985

アネックスA棟

アネックスB棟

1

2

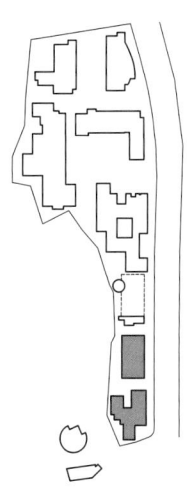

3

第1期（A・B棟）

1. A棟夜景
2. コーナープラザから通り沿いに見る。
3. A棟アトリウム

前々頁：竣工当時の第1期全景

1969

1

第2期（C棟）

1. 中庭を猿楽塚に向かって見通す。
2. 旧山手通り側のファサードを見る。

次頁：C棟から第1期の方向を見た
　　　歩道沿いの表情

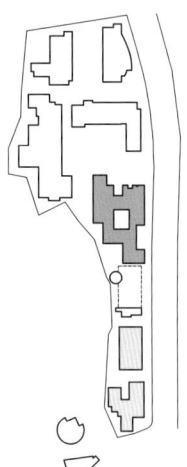

2

1973

第3期(D·E棟)

1. D棟と奥のE棟が猿楽塚を囲むように配置されている。

1977

1

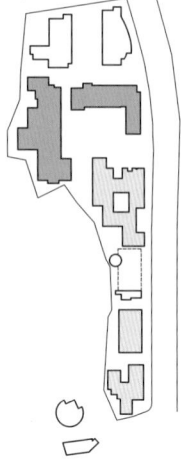

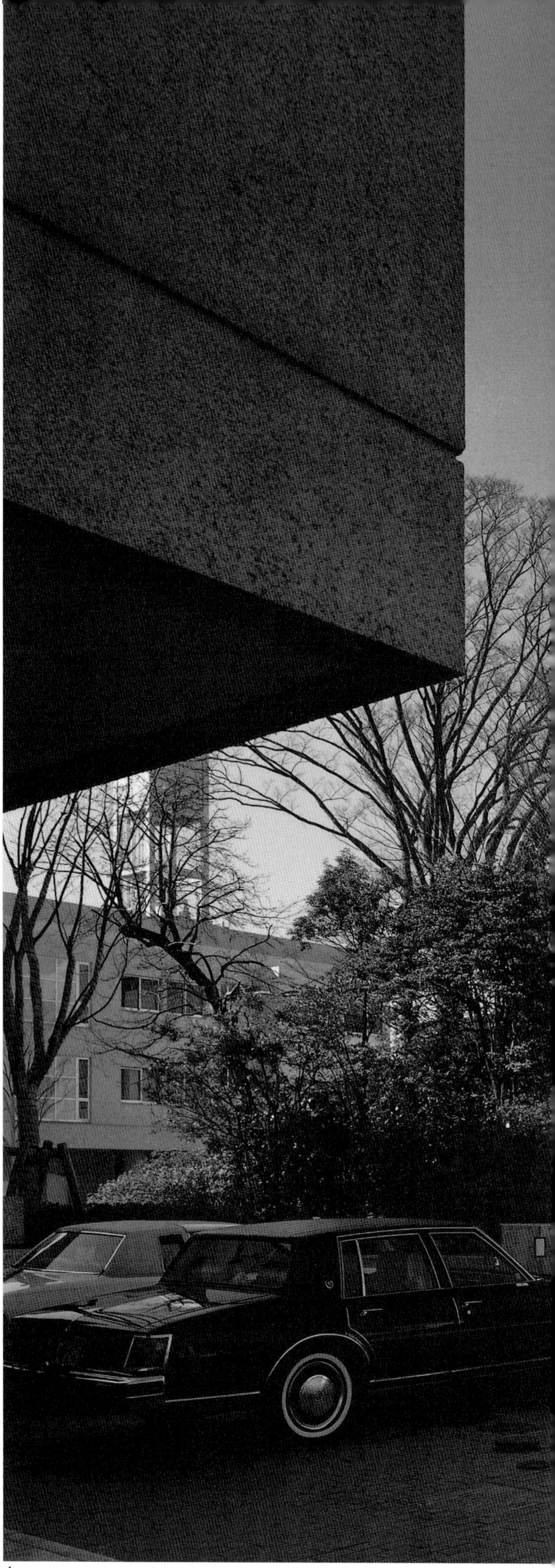

1

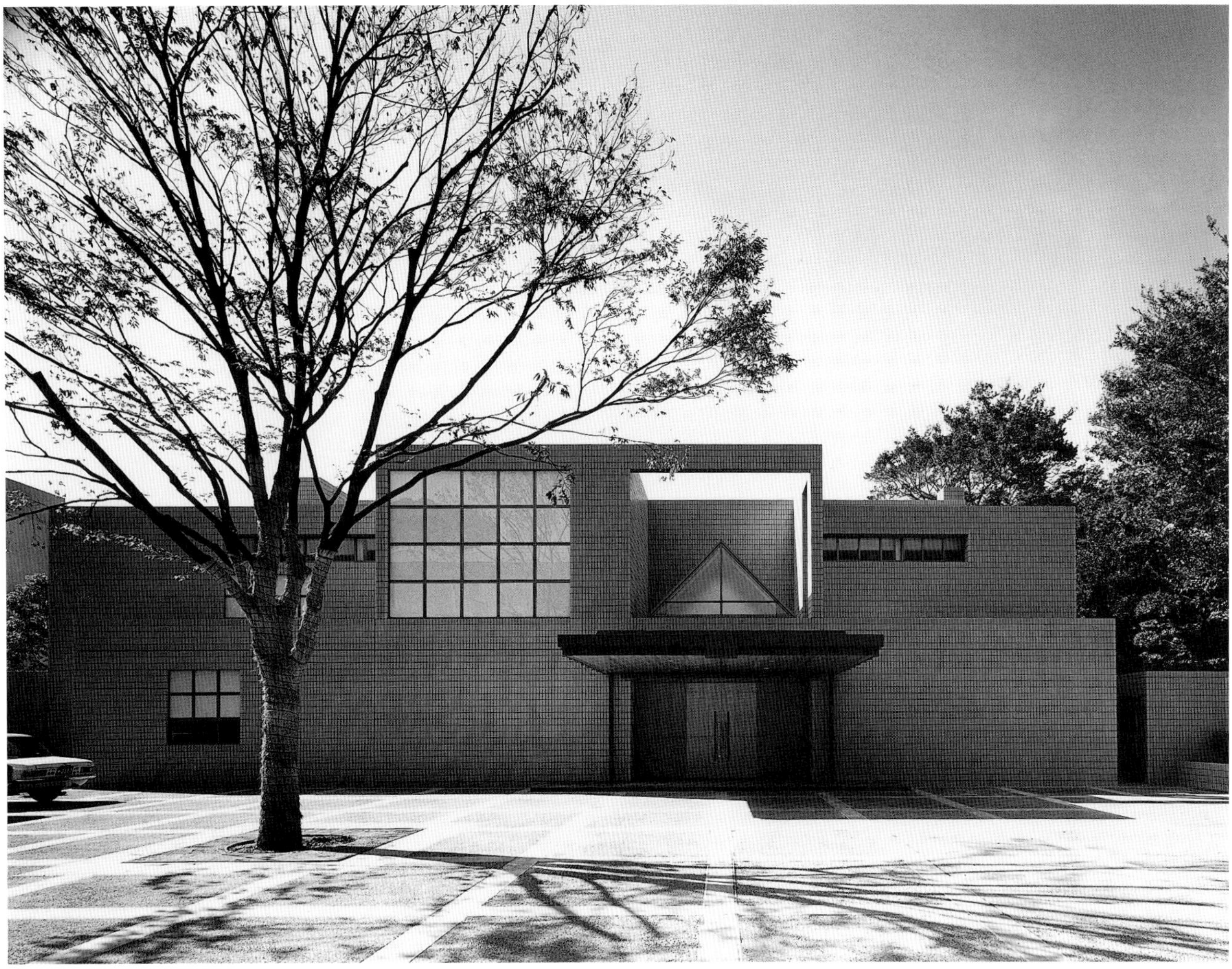

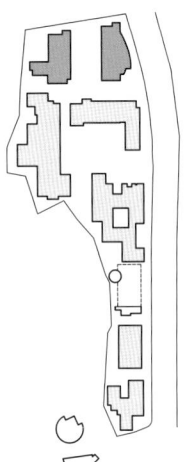

デンマーク大使館

1. 大使公邸の中庭側ファサード
2. 空撮（1979）
前頁：事務棟を通り沿いに見る。

2

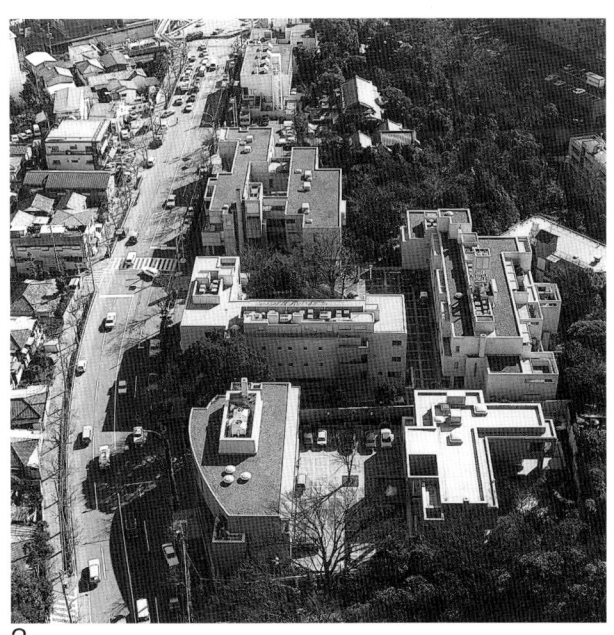

1979

1

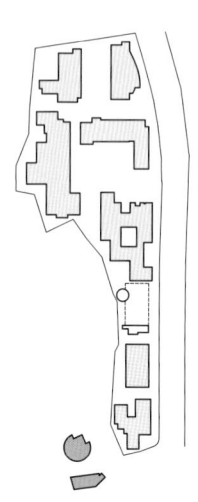

2

第4期（ヒルサイドアネックス）
設計　元倉眞琴/スタジオ建築計画

1. アネックスのコンプレックスを見る。
   右がA棟、左がB棟
2. アネックスA棟のギャラリー

1985

1

2

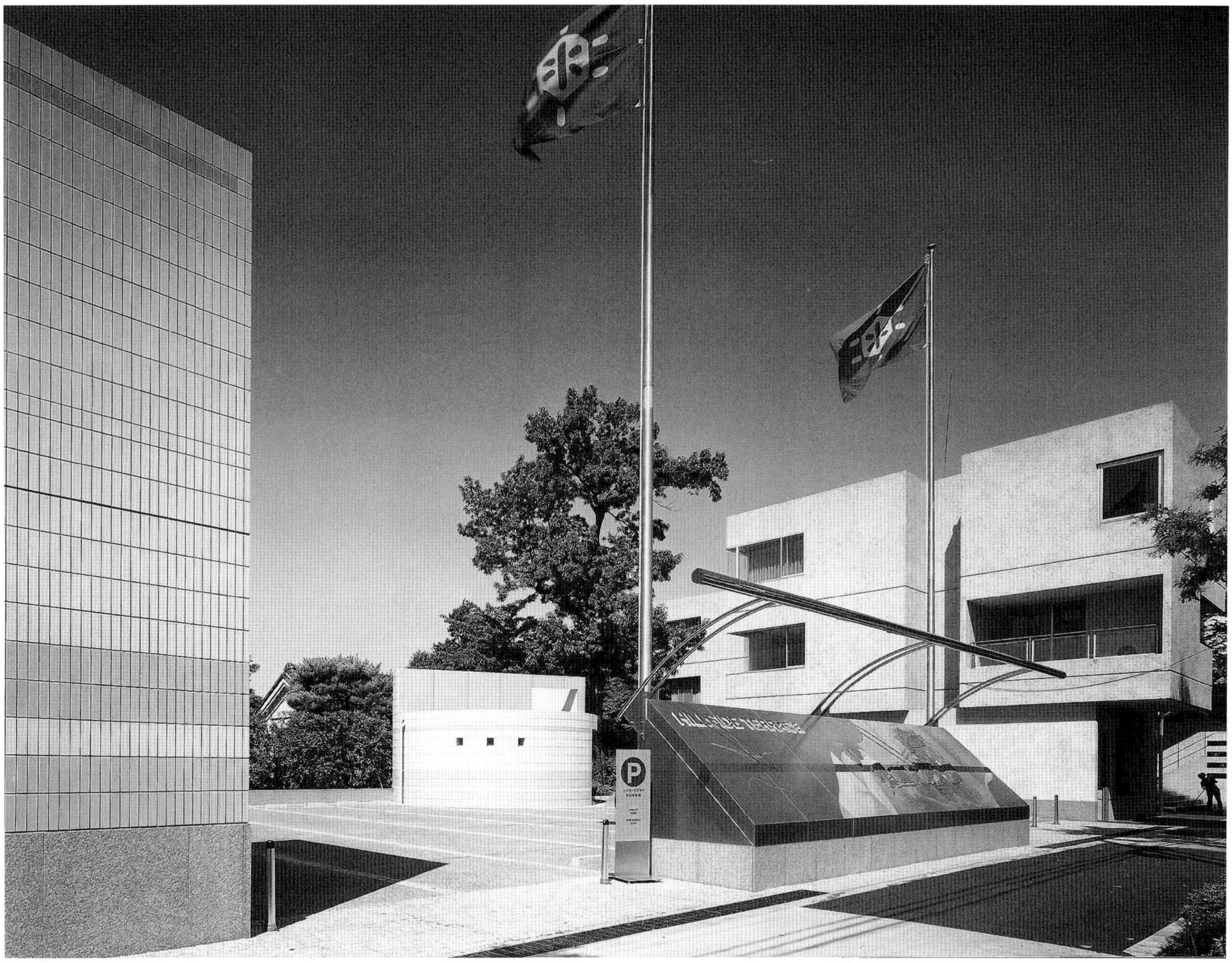

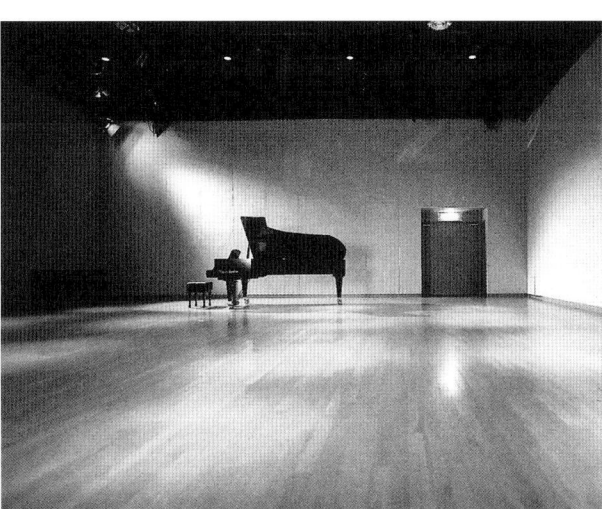

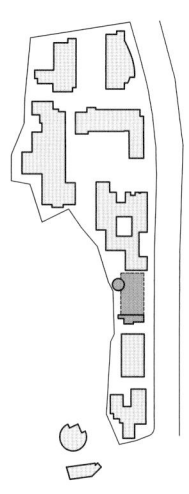

第5期(ヒルサイドプラザ)

1. 第5期を通り沿いに見る。
2. 地下に設けられたホール

1987

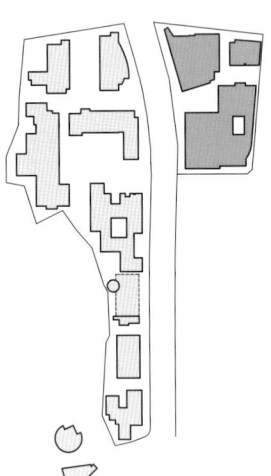

1

第6期（F・G・H棟）

1. F棟1階。通り沿いのパブリックスペース
2. 広場から奥のH棟を見る。
前頁：広場の向かいにD棟が見える。
次頁：通り沿いにF、G棟を見る。

1992

2

1

ヒルサイドウエスト

1. 鉢山町住宅地側のアプローチ
2. パッサージュから中庭を見る。
前頁：A棟旧山手通り側ファサード

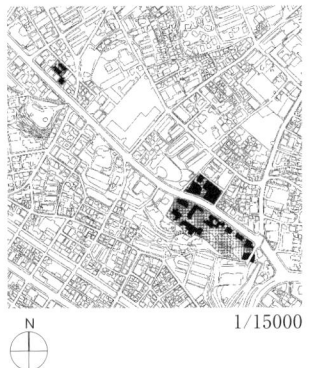
1/15000

1998

2

都市の中のヒルサイドテラス＋ウエスト

代官山周辺の歴史と変遷

槇 文彦

ヒルサイドテラスのある渋谷・代官山のこの地区の歴史は縄文・弥生の時代に遡るという。しかし人々が棲息していた以上の確固たる証拠はない。そして現在ヒルサイドテラスの中にある猿楽塚は恐らく6、7世紀頃多数の地方的小権力が現れた時につくられた円形古墳の一つであり、土地の人の説によれば往古鎌倉将軍頼朝がこの地にて猿楽を催し云々[*1]ということが猿楽塚という名の由来であるとしている。そして代官山の丘と渋谷の谷を南北に結ぶ現在の八幡通りは嘗て鎌倉街道の脇往還であり、江戸時代以前の12～16世紀頃は、ここを中心に諸道が発達し、社寺も多く営まれ、江戸時代には郊外村落として発達していった[*2]という歴史がある。この地域は東京でも2番目に海抜が高いと称されている。江戸時代の絵地図を見ていると、現在の目黒から渋谷にかけて富士見の丘とも称される場所がここそこにあり、春には桜が周縁の風景を彩っていた。それも、こうした眺望の良さが名所を生んだのであろう。一方17世紀の中頃になると将軍家綱の時代に有名な三田用水がこの地区を縦断して設けられている。元々江戸の下町は海抜が低く、井戸水には塩分が多かった。そうした事から、遠い武蔵野から、江戸の中心地区に向けて多くの用水路が設けられた事はよく知られている。三田用水も恐らく地勢の高い海抜を利用してここから東に白金の方に続いていった。

我々がヒルサイドテラスの第1期工事のため地下部分の工事を行っていた時に、偶然木管の一部を発見したことからも、三田用水はまさにこの地区を通っていたのである。

ヒルサイドテラスのオーナーである朝倉家は戦国時代からの旧家で、中世以降は武蔵に移り江戸時代18世紀の中頃から、代官山のこの地に棲家を移した大地主であった。そして明治2年、朝倉徳次郎の時代に米屋を始め、やがて周縁の農民が手放した土地を次々と買い求め、次第に地主としても家業を広めていった。

今、ここに掲載された二つの地図——一つは大正5年、もう一つは昭和12年頃のものであるが——それを見比べると極めて興味深い。大正5年には既に現在の山手線の一部が、東側の渋谷の谷に完成し、渋谷、恵比寿の駅周辺には、可成りの密度で住宅地、店舗が展開していたが、現在のヒルサイドテラスのあるあたりにかけてはここ

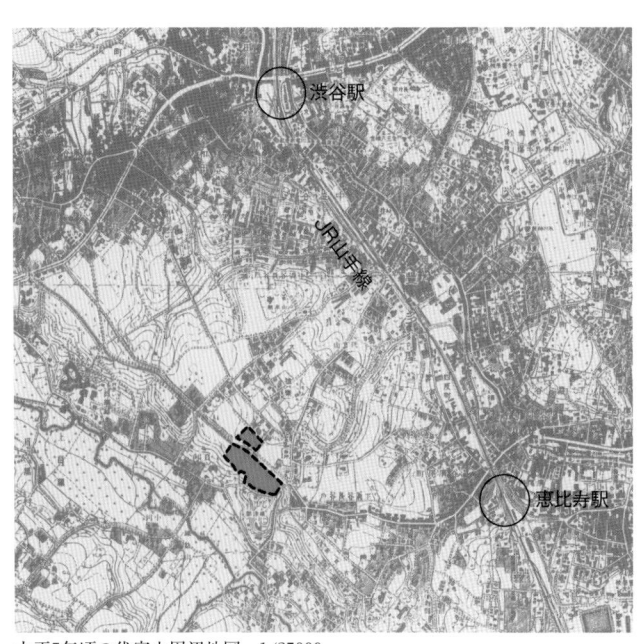

大正5年頃の代官山周辺地図　1/25000

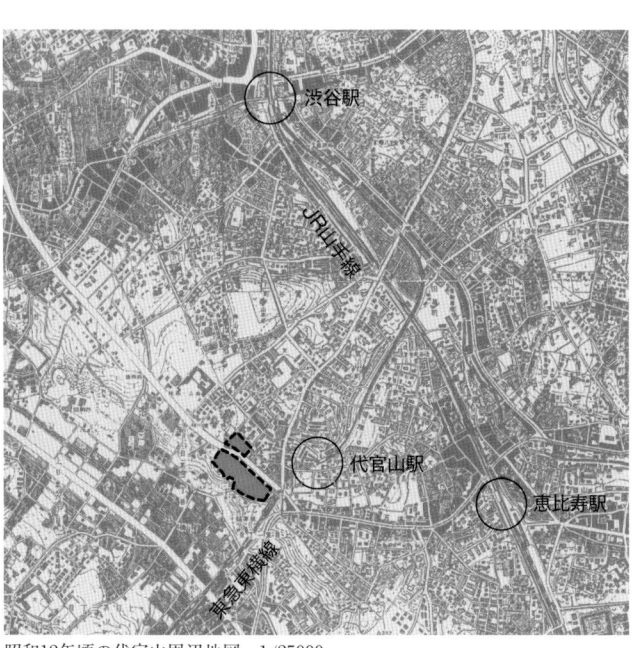

昭和12年頃の代官山周辺地図　1/25000

一団地申請の配置計画

そこに家屋は点在していたに過ぎない。しかし1924年に山手線が環状線として完成すると、その頃の東京全体の発展と相俟って、この地域でも次第に住宅地が西に向かって拡がり始めている事がよくわかる。その中で、最も注目すべき事は、現在旧山手通りと称される立派な道が昭和12年の地図に現れている事である。朝倉家の家史によれば、徳次郎の次の代に養子として迎えられた虎治郎は後年政治家として家業から身を引くが、一方地域自治に熱心であり、この渋谷区の町づくりに多大な貢献をなしたといわれている。特に道路改良に情熱を持ち、現在の旧山手通りはその道路改良を手掛けた最初の幹線であった。この幹線は昭和8年に完成した。後にも触れるように、住居専用地区と、東京でも有数の歩道と並木をもった幅員22mの道路という希有の組合せは先代、虎治郎の努力によって始めて実現したのである。

私が朝倉不動産から最初の第1期の仕事を依頼された1967年の頃はこの地域は朝倉家所有の他にも、大邸宅や在外公館が立ち並ぶ鬱蒼とした大樹に囲まれた静かな住宅地であった。基本的には住居専用地区とあって、その大部分は住宅用に供され、一部のみが店舗として計画を許されるという厳しい条件の中で、将来の拡張計画の中における建物の配置の自由度を確保したいという見地から、一団地計画として申請を行う事とした。上記のヒルサイドテラスの配置計画は第1期と、当時この計画を作成した時の一団地計画を示している。第1期計画のB棟で開発したペデストリアン・デッキとメゾネットタイプの住宅がこの一団地計画の配置の基本になっている事がよく示されている。しかし第2期の計画までの4年の間、我々は第1期の計画でつくられた空間がどのように利用され、どこにあまりうまくいかなかった処があったかをつぶさに観察する機会を持つ事が出来た。従って第2期（1973）においてはその計画は、より接地性の高い配置計画をとる事とした。そのためにはもう一度一団地申請のやり直しとなり、新しい案を区の自治体の担当者と、区が依頼した専門家委員に対し説明を行う事が求められた。幸い第1期計画が好評であったために、その変更が許され、そして第3期においても同様な手続きが繰り返されたのである。この様に段階的計画であったからこそ今日のヒルサイドの姿が生まれたといってよい。

その後第6期の計画が始まった1980年代の後半はこの地域は用途地域の見直しにより二種住専が適用される事になった。新しいゾーニングの中でどのようにして第1期から5期まで、道路の反対側に、第一種住専地域のもとでつくり出した町並みとスケールの違和感のないものをデザインすることが出来るかが、我々にとって最大の課題であった。

この様に古い史跡と地形の存在、大正の後期から昭和の初めにかけての道路の改良、そして各時代における用途地域、建築基準法に対する我々なりの対応、それらがヒルサイドテラスの計画の時代的背景として存在し、それが現在の景観に写し出されているのである。

猿楽塚の親塚の上にある社

*1　代官山その考古学的考察　樋口清之「Hillside Terrace 25」より
*2　同上

ヒルサイドテラスと代官山の街

元倉眞琴

ヒルサイドテラスと代官山の街

今日、代官山は人気のある街である。落ち着いていて美しい街と言われている。そんな代官山のイメージをつくってきたのはヒルサイドテラスである。

1969年小川軒と同潤会アパート、東急アパートメント以外は特に目立ったものはない静かな住宅地に、突如、瀟洒な白いモダンな建築が出現した。今日のヒルサイドテラスのイメージ、そして代官山の街のイメージはこのとき既にできあがっていた。落ち着いた住宅地、残された緑、モダンな装い、しゃれたお店。その後のヒルサイドテラスと代官山の街はこの魅力を高めるようにゆっくりと発展していった。

そんななかで1975年にヒルサイドテラスのとなりに圧倒的なスケールのキングホームズが出現した。そのとき「こんなスケールのものがここにできても良いのだろうか」と誰もが感じた。そして2000年以降、これと同じ感覚を何度も経験することになる。

代官山地域が最初に環境問題に直面したのは、1986年から3年間かけて議論を重ねた代官山駅の問題である。ホーム延長のための踏切閉鎖に対して反対運動が起き、工事は中断し、渋谷駅側に駅を移転する案も検討されていた。それに対して、地元住民は「復旧を求める会」をつくり、公共性の視点から早期復旧を求める運動を行い、元の場所で新しい駅がつくられることになった。地域住民たちが代官山という街全体について考え、話し合い、運動をした初めてのケースであった。そこで示された地元住民の見識はその後の代官山の街づくり運動へと継承されることになる。

1983年に旧山手通りに面して、ヒルサイドテラスA棟からデンマーク大使館まで250mの街並みがつながった。周辺にも新しいお店が増え、街らしさが感じられるようになった。低年齢化した渋谷に対して、ゆっくり楽しめる大人の街として代官山の人気は少しずつ広まっていった。それが一気に脚光を浴びたのは、80年末以降の情報雑誌hanakoなどによる相次ぐ代官山紹介である。1990年に新しい駅がオープンし、1992年には山手通りを挟んでヒルサイドテラス第6期ができた。

静かな街は一変して週末には若者でにぎわう街になった。それをさらに加速させたのは代官山アドレスの完成である。代官山アドレスは同潤会代官山アパートメントの再開発によってつくられた街である。

同潤会代官山アパートは、代官山のイメージを形成する上で大切な役割を果たしてきた。昭和2年(1927)の建設当初は新しい文化の象徴として、晩年は、住み続けられた時間の価値を教えてくれるものとして、貴重な存在であった。地形をうまく使った建物の配置と公園のような緑と土が、自然豊かな代官山のイメージを定着させる役割を果たしていた。

現在の代官山駅

旧山手通りの歩道橋からの眺め

かつての同潤会代官山アパートメント

超高層を含む代官山アドレス

住宅地の中のお店

最近の八幡通り

1996年。誰もが、残って欲しいと願ったそのアパート群はなくなった。「さよなら同潤会アパート1927展」などの解体に伴うイベントが、いずれもヒルサイドテラスの関係者たちが中心になって行われた。同潤会の解体、そしてアドレスの完成はたんなる新旧交代ということ以上に代官山を激変させた。

メディアに紹介される毎に訪れる人が増えていった。そして次々新しいエリアが代官山という名前をまといながら増殖していった。今や代官山は渋谷や恵比寿とつながり、目黒川沿いの中目黒ともつながりつつある。

落書き消しのボランティア活動

代官山の隆盛とエリアの拡大は新たな問題を引き起こしつつある。散策できる街の魅力は、住宅地の中にしゃれたお店を出現させることになった。店が多くなるにつれて住まいの環境に影響を及ぼすようになってきた。騒音、排気、駐輪、駐車などの問題が起きてきた。空き缶、吸い殻、様々なゴミ、落書きなど、街は確実に汚れてきた。代官山をクリーンに保つための攻防戦はだいぶ前から始まっている。もちろんヒルサイドテラスも例外ではない。

代官山の魅力は住む人と訪れる人の程良いバランスによっていた。特に住む場所としての安定した環境が財産であり魅力であった。そんな代官山のイメージだけを利用してディベロッパーは次々に高層マンションを建設しようとしている。しかしそれらが実現してしまえば代官山の魅力は一気に失われてしまうだろう。地元オーナーによる建て替えではあるが八幡通りのUビルの計画はそんな状況下でのプロジェクトであった。当初の20数階の案は、地元の住民やヒルサイドテラスの関係者の運動で16階の規模まで縮小したものの、それでも周辺のスケールとは相容れないものになってしまった。しかしこの問題は改めて自分たちの環境と景

観を考えるきっかけになった。今、「代官山ステキなまちづくり協議会」に引き継がれ、街づくりの運動が行われている。

開発と環境の問題はなにも代官山に限ったことではない。しかしここでの運動がユニークなのは、環境を考えるときに必ずヒルサイドテラスが規範になっていることだ。言い方を変えればヒルサイドテラスが代官山地域ににらみを利かせているという構造である。旧山手通りの建築高さ制限を20mにしたり、周辺の高層ビルの計画に歯止めをかけている影の力はヒルサイドテラスだという見方ができる。

ヒルサイドテラスと旧朝倉邸

そのような開発と環境の保全のせめぎ合いの状況のなかで「旧朝倉邸」(p.58-59 配置図参照)の問題は起こった。旧朝倉邸は今のヒルサイドテラスのオーナーの元々の住まいで、大正9年に祖父である朝倉虎治郎が建てたものである。朝倉虎治郎は東京府の政界に身を置き、また自らの土地を提供して現在の旧山手通りを敷設するなど、都市整備にも関わった人である。(そのあたりの話は『ヒルサイドテラス物語』に詳しい)

昭和22年(1947)に相続税対策のために分割、売却され、最終的には国が所有することになった。2002年まで、内閣府の中央官庁渋谷会議所として使用されていた。だから元々旧朝倉邸の敷地と現在のヒルサイドテラス及びデンマーク大使館の敷地とは一体のものであった。平成10年(1998)に内閣府は他の利用度の低い会議所とともに、渋谷会議所の用途廃止と売却または転用を決定した。それを受けて国は平成14年(2002)に土地の払い下げを東京都、渋谷区、目黒区に打診したが、ともに取得できないということであった。従って次は競売にかけられ、ディベロッパーによる開発が行われることが必至であった。

ヒルサイドテラスの関係者は歴史的な価値をもつ旧朝倉邸と緑豊かな庭園は残されるべきだと考え、保存への運動を開始した。まず7月に朝倉氏が東京大学の鈴木博之教授に調査を依頼した。文化財としての価値を客観的に認識するためだったが、この調査が後の国の重要文化財として指定される道を開くことになる。

8月には地元有志の名で関東財務局に「渋谷会議所(旧朝倉邸と庭園)の保存に関する要望書」を提出した。さらに槇文彦氏を代表とする「旧朝倉邸と庭園の保存を考える会」を立ち上げ、保存を求める署名運動も始まった。同時に、各分野の有識者の方々への保存運動の「呼びかけ人」の依頼を開始した。地元及びヒルサイドテラスの関係者、政治家、経済人、建築家、芸術家、美術関係者、大学教授など110名を超す様々な分野の方々が引き受けて下さった。

12月に第1回見学会が関係者に向けて開催され40名の参加を得た。2003年1月には一般参加の第2回見学会を企画し、同時にヒルサイドプラザホールでシンポジウムが開催された。見学会は597名、シンポジウムは223名の参加者を得た。講演は「都市景観と建築遺産」というテーマで、鈴木博之教授による旧朝倉邸の調査の報告と、この邸宅の歴史的な位置づけについてのものだった。シンポジウムは「都市の記憶と環境を考える」というテーマで、パネラーは鈴木博之教授、槇文彦氏、陣内秀信教授、朝倉徳道氏で、会場も含めて様々な問題が提議された。

旧朝倉邸の見学会に訪れた人たち

旧朝倉邸2階平面図　1/400

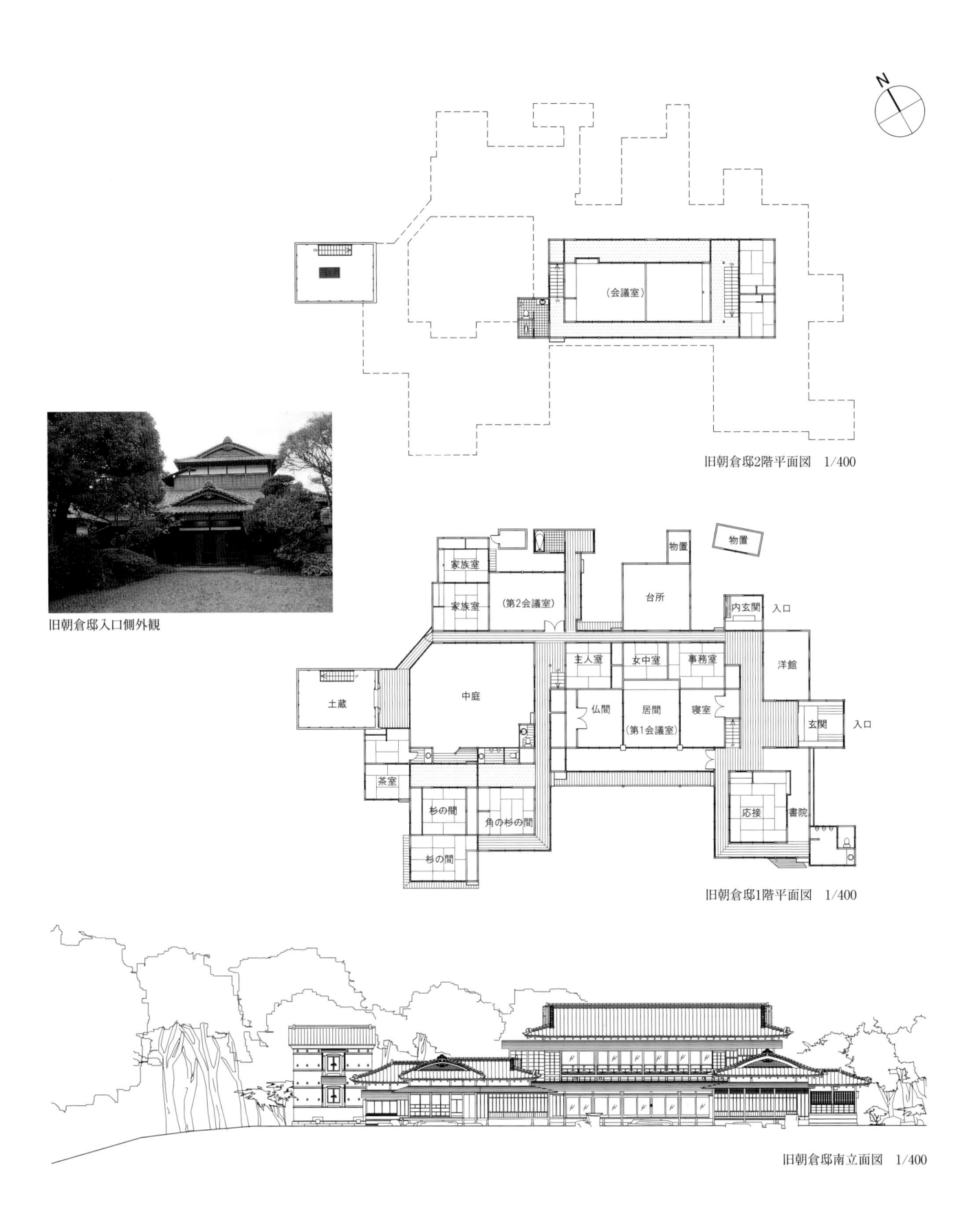

旧朝倉邸入口側外観

旧朝倉邸1階平面図　1/400

旧朝倉邸南立面図　1/400

見学会やシンポジウムの成功や署名活動も一定の成果を得てきたこと、さらに「呼びかけ人」の方々からの積極的な協力などを背景に、「旧朝倉邸と庭園の保存を考える会」は保存の価値と活用を研究する期間を求める内容の「渋谷会議所（旧朝倉邸と庭園）の保存に関する要望書」と3325名の署名名簿及び、東京大学鈴木博之研究室の「旧朝倉邸（渋谷会議所）調査報告書」を財務省及び財務局に提出した。

そして槇文彦氏を中心にワーキンググループ「旧朝倉邸の将来を考える研究会」を立ち上げ、保存と活用のより具体的な方策の検討を始めた。メンバーは槇文彦、朝倉健吾、大熊喜昌、岩橋謹次、石原貞治、北川フラム、堀啓二、元倉眞琴である。

2003年4月「旧朝倉邸と庭園」が重要文化財になる可能性があるとの情報を得た。それをふまえて研究会は管理団体として目黒区、渋谷区への働きかけを行った。最終的には渋谷区が管理団体となり、2005年の時点では、文化庁との間で具体的な調整が行われている。文化財としての修繕工事などを含めて、一般公開されるまでなお1〜2年の期間が必要である。利用内容もまだ具体化していないが、研究会としてはヒルサイドテラスでの長年の経験と実績を基に、都市環境塾とも言うべき「代官山アカデミア」を立ち上げたいと考えている。最終的には管理全体を行うNPOを組織して、ヒルサイドテラスや代官山地域の文化活動のネットワークの拠点にしたいと希望している。そのためのスタディは続けられている。

小さな保存運動がきっかけになって、やがて多くの人の賛同と支援を経て、旧朝倉邸と庭園はその価値が見直され、保存活用されることになった。大邸宅であるとは言え、大正時代の一般の住宅が重要文化財に指定されることはめずらしいことである。保存状態がとてもいいこと、さらに庭園と一体になって保存されていることが評価された。売却されて以来、国に手厚く管理されていたことが幸いであった。住まいとしてはほとんど昭和22年（1947）のままの状態で保存されていたわけである。そして建物や庭園の歴史的な価値もさることながら、目黒川に向かう急斜面に残された森のような庭園が保全された環境的な意味は大きい。

元々一体であったヒルサイドテラスと旧朝倉邸の敷地は、今改めて新しい関係を持とうとしている。だいぶ前から「旧朝倉邸の敷地は将来公園になるだろう」と槇文彦氏はその可能性を期待とともに予想していた。「そのとき公園の入り口はここから」と決めていたため、B棟とC棟の間の駐車場に建物を建てることを決してしなかった。プラザホールは地下に埋められ、上の駐車場も広場としてデザインされている。今予想は現実になりつつある。

ヒルサイドテラスのこれからの役割

旧朝倉邸と庭園は残った。保存運動の背景には代官山の環境への危機感があった。

確かにこれまでヒルサイドテラスがリードをするかたちで代官山のイメージはつくられてきた。しかし何でも利用してしまう今日の経済構造のなかで、急速に代官山の良さそのものが消費されようとしている。今、ヒルサイドテラスはイメージを生み出す役割から、代官山地域の環境を具体的に守り育てる役割を持ち始めている。最後に最も新しい例を示しておこう。

旧朝倉邸の敷地の下、目切坂（暗闇坂）に面して旧国鉄の官舎のあった敷地がある。現在は東京都と目黒区が所有している。樹木が生い茂り、特に様々な種類の桜の木が見事である。ここに東京都が軸になって住宅を中心にした施設が計画されようとしている。ここでのテーマは高層でも高密度でもない「ヒルサイドテラスのような街」をつくることであると聞いている。

ヒルサイドテラスをめぐる文化・社会活動と都市性
前田 礼

2004年11月、ヒルサイドテラス主催の第8回代官山アートフェアが開催された。今回より新たに「猿楽祭」と名づけられ、代官山エリアの守り神「猿楽神社」の秋の祭礼にあわせて行われた。猿楽神社はヒルサイドテラス敷地内にある6世紀の古墳「猿楽塚」に祀られてある。ヒルサイドフォーラム前の「広場の市」には、ヒルサイドテラスのテナントと共に、越後妻有、岡山県津山市、東京深川商店街、沖縄からも出店があり、バラエティあふれる食や物産が並べられた。綿あめやベーゴマ、陶の音具に子供たちは興じ、餅つきも行われ、まさに門前町のにぎわいであった。

そこから一歩、建物の中に足を踏み入れると、今度は「世界の市」である。大使館等の協力で世界の様々な物産が国際色豊かにヒルサイドフォーラムを彩る。さらに奥に進むと、そこは「楽市楽座」だ。回廊状のギャラリーには、ヒルサイドのテナントから出されたアート、陶、インテリア雑貨などが訪れる人を誘う。

6日間の会期中には、街づくりをテーマとしたシンポジウムやアーティストによるワークショップ、オークション、コンサートが催され、神社祭礼には佐藤允彦・環太平洋楽が奉納された。「"猿楽"神社なのだから」と"官"の雅楽ではなく"民"のワールドミュージックを奉納するところがヒルサイド風である。

この「猿楽祭」にはヒルサイドテラスのアクティビティのエッセンスが様々な形で集約されていたように思う。建築、アート、音楽、食、世界、街づくり、地域を越えた多様なジャンルの人々の協働、といったテーマが、ヒルサイドテラスに埋め込まれた様々なパブリックスペースで展開された。1998年の雑誌『造景』におけるヒルサイドテラス30周年特集で、朝倉徳道・健吾兄弟は、「御輿を担ぐ人と見る人が自由に入れ替わるような息の通った祭り。ヒルサイドテラスのガラスの中にいる人と外を歩く人が一体化するような、そんな祭りをやってみたい」という文章を寄せているが、猿楽祭はそうした交歓の風景を代官山の中に現出して見せたような気がする。

ヒルサイドテラスのアクティビティには、二つの系譜がある。一つは、建物のパブリックスペースを舞台とした文化活動であり、もう一つは代官山という街に向けた社会活動である。猿楽祭はその二つの系譜の重なりあったところに生まれた(猿楽祭は2005年より「代官山フェスティバル」として実行委員会形式で行われることとなる)。

槇文彦は、「パブリック性が都市というものを集団ならしめているもっとも主要なつなぎ手である」と述べているが、その言葉通り、「新しい都市性の獲得」を命題としたヒルサイドテラスは、様々なレベルで人と建築と都市をつなぐパブリック、セミパブリックな空間をその建築の特長とする。30年間の増設につれてその

代官山アートフェア　　　　　　　猿楽神社の祭礼

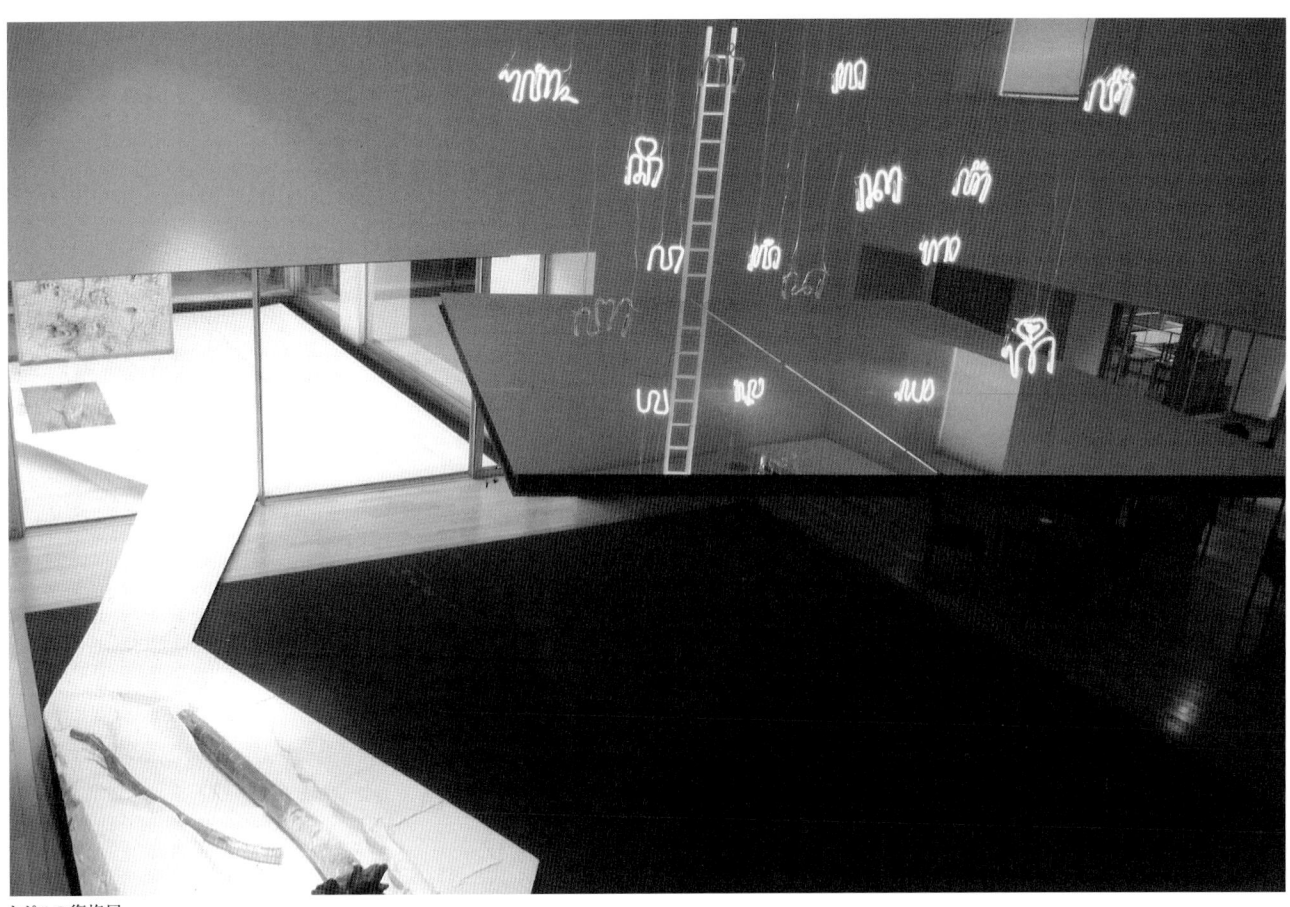

トポスの復権展

割合も増えていった。しかしパブリックスペースはアプリオリにパブリック性を与えられるわけではない。アクティビティが展開されてはじめて、パブリックスペースは人々が分かち合い、つながりあえる場所となるのだ。ヒルサイドテラスの文化活動は、こうした豊かなパブリックスペースをいかに使いこなすかを課題としながら進んできたとも言える。

ヒルサイドテラスは1969年に第1期A・B棟が誕生するが、そこにおいてすでに文化的パブリックスペースは仕込まれていた。朝倉不動産発祥の地にあたる旧山手通りに面したA棟南角は「クラフトアサクラ」と名づけられ、若いデザイナーやアーティスト育成の場となることを目指して展覧会や作品販売が行われた。1974年、株式会社アトリエヒルサイドが結成され、岩橋謹次、元倉眞琴、山本理顕、藤江和子らがヒルサイドの設計や内装、サイン・コミュニケーション計画、プロモーション計画に関わっていくようになると、そこは「BENFATTO」と改称され、アトリエヒルサイドのプレゼンテーションの場となっていく。オリジナル家具の開発・販売も行われた。

1982年には「新しい建築家のデビューに貢献するようなイベントを」という槇の発案で『SDレビュー』がスタートする。2005年で24回を迎えたこの公募展は、鹿島出版会SD編集部が主催、朝倉不動産が後援にあたり、多くの建築家がその門をくぐり世界へとはばたいていった。このSDレビューを機に、その後ヒルサイド

A棟コーナープラザに面したヒルサイドギャラリー

川俣正「工事中」

テラスでは数多くの建築展が開催されることになる。1995年から3年間にわたり開催された『トポスの復権』は、建築家とアーティストのコラボレーションによるインスタレーション展であり、2001年からは世界の若手を育成しようとEUとの共同事業『日本・ヨーロッパ建築の新潮流』展（2004年より『ヨーロッパ・アジア・パシフィック建築の新潮流』）が始まっている。槇はその第1回展のコミッショナーをつとめた。ヒルサイドテラスは建築というハードだけでなく、展覧会というソフトによっても世界の建築界の注目を集めている。

ヒルサイドテラスの文化活動がより本格化するのは、1984年、A棟南角のスペースを「ヒルサイドギャラリー」として、その企画・運営に北川フラムが率いるアートフロントギャラリーを迎えた時からである（「ヒルサイドギャラリー」は2004年に「アートフロントギャラリー」に改称）。北川らはその後ヒルサイドギャラリーだけでなく、ヒルサイドテラス全体で展開される様々な展覧会やシンポジウム、イベント、そして街へ向けた活動にも深く関わっていくことになる。

ヒルサイドギャラリーは継続的に現代美術の企画展を実施、その数は現在までに200を超える。オープン早々、今や伝説となった川俣正の『工事中』が開催されるなど、内外の気鋭のアーティストの実験的個展会場として国際的にも注目されるスペースとなっていく。

こうしてヒルサイドテラスには「建築」に加えて「美術」という新たな文化活動の軸が生まれた。1992年、第6期のF・G棟が完成しヒルサイドフォーラムができると、ヒルサイドテラスには美術館並みの企画も持ち込まれるようになる。開放的で美しく、多様な視線の展開を促す展示空間はクリストを始め多くのアーティストや建築家たちを魅了し、刺激してきた。

さらにヒルサイドテラスは外国との文化交流拠点にもなっていく。在京大使館、海外政府機関の依頼を受け、これまでに『フランス文化省パブリックアートプロジェクトの記—場所の状態展』『ブルガリア現代美術展』『アントニオ・ガウディ展』『日本・ポーランド国交樹立80周年および国際ショパン年記念事業—ショパン　ポーランド・日本展』『オーストラリア芸術祭—アボリジニ現代美術展』等、数多くの外国展が開催されている。その質と量は並ではない。2005年に始まった『日本におけるドイツ年』では代官山ヒルサイドテラスのイメージとだぶらせながら新しいドイツのデザインを発信しようと1年間にわたって展覧会やセミナー、イベントが開催された。

ヒルサイドテラスの文化活動のもう1本の軸は「音楽」である。1987年に完成した第5期のヒルサイドプラザ

は、それまで建築の用途については「風任せ」という感じであったオーナー側が初めて「音楽会が開けるようなスペースを」と自ら希望して実現した。「あくまでも音楽を"家"の延長で聴ける場所」という意向を反映した空間に流れる親密な空気は、世界的な音楽家をも引き付け、ヒルサイドプラザは音楽ファンの隠れた名所となっている。フルート奏者・峰岸壮一を監修者に迎え、第一線の演奏者が室内楽を演奏する「ヒルサイドプラザサロンコンサート」はすでに16年以上続いており、チェンバロの渡邊順正による「春のサロンコンサート」、ボストン交響楽団のオーボエ主席奏者・若尾圭介による「若尾圭介と仲間たち」、猿楽祭にも出演した佐藤允彦の「ヒルサイドテラスの仲間たち」、ピアニスト・作曲家の高橋悠治による「パンと音楽」など、新しい試みを伴ったクラシックやジャズの演奏会もシリーズ化している。

こうした長年の文化活動によって、朝倉不動産は社団法人企業メセナ協議会より1998年度メセナ大賞を授与される。「開発という名の破壊が進む東京の一角に出現したユニークな文化のオアシス」「一地区のセンターの役割を越えた、創造的な文化のインキュベーターとしての多年にわたる貢献と実績が深い共感をよんだ」とその受賞理由にあるように、ヒルサイドテラスの文化活動が、目も眩むようなイベントを立て続けに打つことで人を引き寄せる「文化」という名の商業主義と決定的に違うのは、「住む」ことを基調としたゆるやかな時の流れの中で積み重ねられてきたという点、そして常に地域社会に対して何ができるか、その責任を問い続ける中でヒルサイドテラスのあり方を考えてきた点にあるだろう。

受賞は、代官山の環境が急速に変わりはじめ、ヒルサイドテラスのアクティビティの舞台が「中」から「外」、「地域」へと広がっていく転換点とも重なっていた。

ヒルサイドテラスのアクティビティのもう一つの系譜、街に向けた「社会活動」の嚆矢は1976年にスタートしたヒルサイドテラス・テナント会による「代官山交歓バザール」である。テナントやその友人、周辺住民による現在のフリーマーケットを先取りしたような一種のワゴンセールは、「日ごろお世話になっている地域社会の方々と親睦を深める楽しい触れ合いの場にしたい」という目的で始まった。しかし規模が膨らみすぎ「商業化」した結果、82年第7回をもって中止となる。その後長く、ヒルサイドテラスでは具体的なコミュニティ・プログラムは行われていない。80年代に入ると、代官山は「高品位、高感度なおしゃれな街」として全国的に知られるようになり、バブル経済はそうした傾向を一層加速した。バブルの喧騒の中にあって、ヒルサイドテラスは泰然と、むしろそこから背を向けるように「中」での

ヒルサイドプラザでのサロンコンサート

代官山交歓バザールの風景

文化活動に専念することで時代を乗り切っていった。しかし1996年、代官山に「住」の要素と深い緑を提供してきた同潤会代官山アパートが老朽化のため取り壊され、再開発事業が始まった時、ヒルサイドテラスは再び地域へと向かっていく。この建て替えを契機に代官山は一挙に再開発・高層化の波にさらされていく。その詳細は元倉眞琴の稿にゆずるが、この時よりヒルサイドテラスを中心に「街づくり」のための様々な取組みが行われていく。

同潤会アパートの取り壊し直前には、再開発をそれまでの代官山地域の雰囲気にソフトランディングさせたいとの願いから三つのイベントが行われた。千葉大学の長田謙一、谷根千工房の森まゆみらによる研究・展示『さよなら同潤会アパート1927展』、13組のアーティストがアパートの敷地、居室で展開したインスタレーション『記憶と再生』、それに写真コンテスト『代官山ステキ発見』である。近隣の商店街、企業、大使館をも巻き込んで行われた一連のイベントは、新たな人のつながりを生み、「再開発のせいでヒルサイドテラスが築いてきた代官山のイメージが損なわれることがあってはならない」という住民たちの意識を鮮明にした。

1999年に始まった『代官山インスタレーション』は、代官山の回遊性への意識を引き出し、ヒルサイドテラスが行ってきた「文化の発信」を代官山地域全体に発展させようと構想された隔年開催の公募展である。『工事中』によってこの街で最初のインスタレーションを行った川俣正、美術評論家の中原佑介、槇文彦が審査員をつとめ、槇の長女でヒルサイドテラス住民の坪井みどりも友人の青木理恵と共に事務局の中心を担っている。すでに4回を数え、ヒルサイドテラスの建築を舞台にしたものから代官山を走るバスや東横線の電車を利用した移動型のものまで作品は多様であり、その残像によって代官山のあらたな記憶を生みだしてきた。回を重ねる毎に作品エリアもヒルサイドテラスがある旧山手通りから八幡通り、代官山エリア全域に広がり、それは「街づくり」の呼びかけと重なりながら展開されていこうとしている。

2000年、同潤会アパートが中高層5棟からなる代官山アドレスとして生まれ変わると、「アーバンヴィレッジ代官山」構想が立ち上がる。「アーバンヴィレッジ」とは都市のどまんなかにある村という意味である。世界の都市が伝統的な意味と固有性を喪失し、均質空間が都市を覆うようになった現在、都市がそこに生きる人間にとってあるリアリティをもつとすれば、それはもはや「村」のような単位でしかありえない。ヒルサイドテラスは、代官山に形成された一種のアーバンヴィレッジであり、ヒルサイドテラスが代官山に向かって指し示してきた、そのあるべき姿こそがアーバンヴィレッ

代官山インスタレーション:「地下鉄 ヒルサイドテラス駅」(1999年)

代官山インスタレーション:「代官山リビング」中央分離帯の緑地に長さ100mのテーブルが設えられた(2005年)。

地域の祭礼

「都市とは人々にとって夢の原形質ともいうべきものがそこで養われる場所をさす」と槇は述べているが、ヒルサイドテラスはまさに様々な人々が夢を育んできた「都市」である。世代、地域、ジャンルを超え、ヒルサイドテラスは今後ますます多くの人にとって夢をシェアする場所であり続けていくだろう。

ジであった。ヒルサイドフォーラムでは「アーバンヴィレッジ代官山をつくるシンポジウム」が開催され、続いて街づくりについて学ぶ連続講座『代官山アカデミア』も開かれていった。代官山インスタレーションやアートフェア、旧朝倉邸の保存運動、落書き消しの「タウンワーク」や「地区計画」もまた、その構想の中に位置づけられていく。

35年前、アプリオリなコミュニティのあり方が崩壊していく中で、槇がヒルサイドテラスを通して時代に先駆けて示した「都市性」とは、住民だけでなく多様な人々が空間とアクティビティを通して関わりネットワークをつくっていくことで獲得されていくものだった。それは時の流れとともに代官山の地域全体で共有化されようとしている。そして今、都市が近代の希望である時代は終わろうとしている。都市はもはや都市だけで生きていくことはできず、都市と地方の交換／交感が求められている。そうした潮流の最前線をいくかのように、ヒルサイドテラスでは猿楽祭で見られたような地域との交流、産地直送野菜販売「まつだい代官山クロス・カントリー」など新たなアクティビティが起こりつつある。「都市に生きるとはいかなることか」──ヒルサイドテラスはその問いと答えを常に新しく魅力的な形で提示し、展望している。

スロー・アーキテクチャー

五十嵐太郎

どんな建物であれ、有名であるほど、やっかみを含めて、よいとか悪いとかいった両方の意見が出るものだが、不思議と代官山ヒルサイドテラスだけは陰口を聞いたことがない。また雑誌『建築文化』1993年4月号において、現存する日本の集合住宅で最も評価する作品を専門家に質問するアンケートで、ダントツでトップだったのが、この代官山集合住宅である。ちなみに2位は同潤会アパートだった。

ファースト・アーキテクチャーの都市・東京において、奇跡と言っていいほどのゆっくりとした歩みを遂げたのが、代官山ヒルサイドテラスである。最初に施主の朝倉家が建築家の槇文彦と出会ったのは、1967年。ここからすべての物語は始まった。実はこの文章を書いている僕が生まれた年であり、個人史とも重なりあう。

朝倉家は、東京空襲で経営する木造アパートを焼失し、旧山手通りの土地に鉄筋コンクリートのアパートを建てようと考え、慶応大の縁を通して、槇と知りあう。そしてアメリカの生活を終え、日本で事務所を立ち上げたばかりの建築家を気に入り、計画を一任した。槇はメタボリズムにも名を連ねていたが、SF的な計画に没頭せず、個の集積がシステムを変える群造形の理論を唱えていた。

1969年、第1期としてヒルサイドテラスA棟、B棟が完成。東大紛争が頂点に達し、アポロ11号が初の月面着陸に成功した頃である。A棟、B棟の特徴として以下の3点が挙げられる。敷地の塀を取り壊し、通りを街に開放したこと。フランス料理店のレンガ屋や美容院を含む、店舗つきの集合住宅を実現したこと。そして適度なスケールに分節されたオランダ流のモダニズムの影響を受けた建築であること。だが、当初、入居者探しは難航したと言う。世界がオイルショックで揺れていた1973年、第2期のC棟が竣工した。筆者は小学校に入学している。続いて、1977年に第3期のD棟、E棟も登場し、ヒルサイドテラスは通り沿いに北西に延びていく。槇の言葉によれば、第2期はジャック・タチの映画に出てくるようなモダニズム型、第3期はちょっと雰囲気を変え、アメリカの田舎銀行型と地中海ヒルタウンふうだと言う。つまり、同じ建築家でありながら、少しずつ異なるスタイルを試みることで、街並みに彩りを与えている。

僕はヒルサイドの敷地の隣に槇がデンマーク大使館を手がけた1979年に中学、槇事務所出身の元倉眞琴による第4期のアネックスのA棟、B棟が完成した1985年に大学に入学した。そして、1987年、地下ホールである第5期のヒルサイドプラザが登場し、旧山手通りの南側200mの開発はひと段落する。思えば、この頃、大学の講義において、槇に設計の課題をチェックしてもらっていた。ともあれ、ちょうど碁を打つように、良質なモダニズム建築がヒルサイドテラスのあちこちに配置されたのである。

そして大御所のアーティストが久しぶりにアルバムを

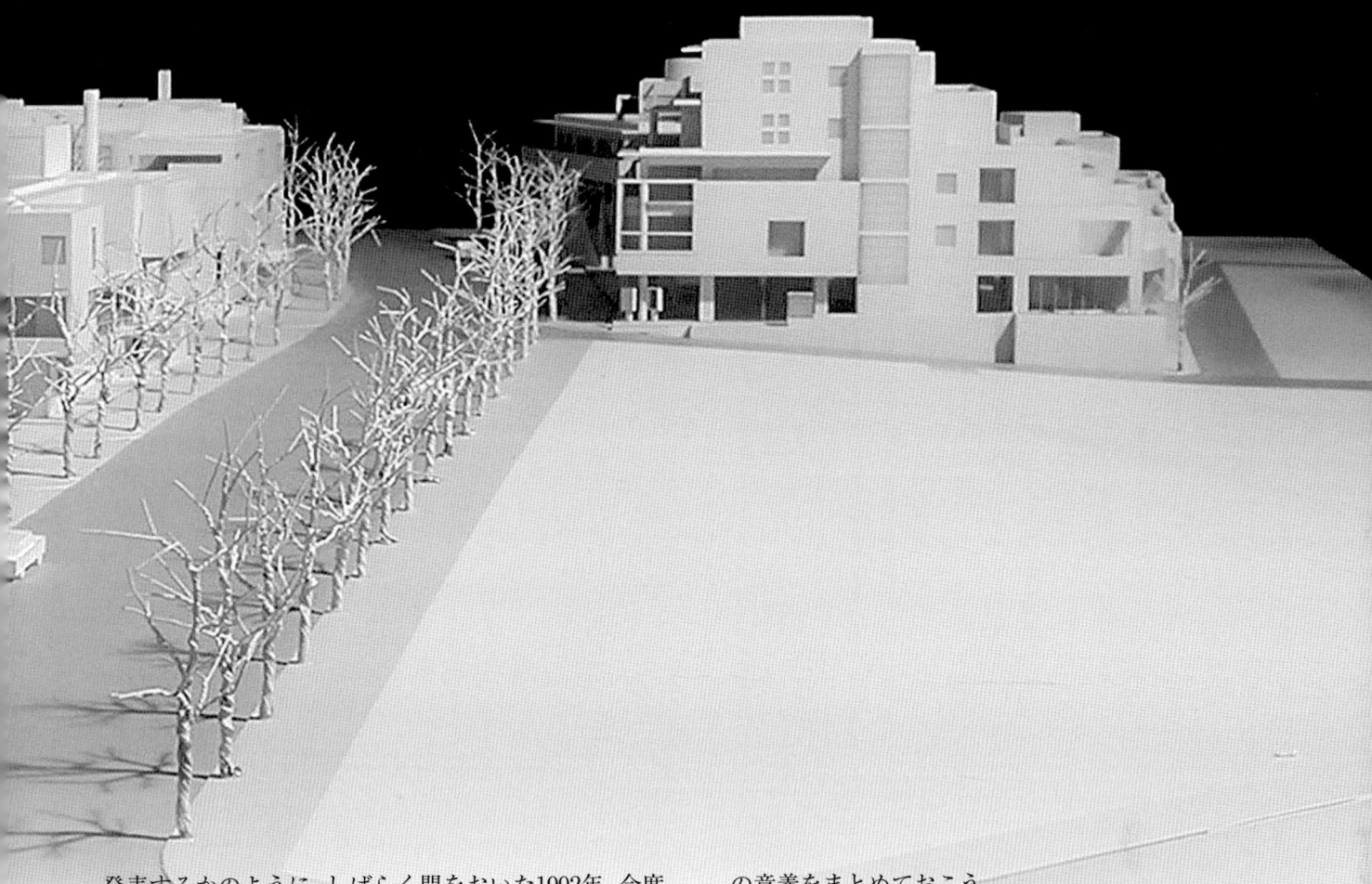

発表するかのように、しばらく間をおいた1992年、今度は通りの反対側に第6期として、F棟、G棟、H棟が一挙に出現した。僕はすでに大学院に進学している。この年、毛利衛の乗ったスペースシャトルが飛んだ。素材はアルミニウムを使い、ボリュームが大きくなっているが、10mの軒線でデザインを切って以前のスケールとあわせたり、隅入りのアプローチを揃えるなどして、空間の連続感を演出している。

30年かけて街をつくる代官山のプロジェクトX
1998年、旧山手通りをさらに北西へ500m進んだ場所に、第7期としてヒルサイドウエストが完成した。レストランや住宅から構成された複合施設であり、槇の事務所も入っている。もともとその向かいには、彼の設計したセダー・ストーン・ヴィラ（1984年）が建っており、ここはヒルサイドテラスの飛び地のような雰囲気を持つ。1990年代には、ヒルサイドの開発に触発されたかのように、隣接地でも建築家によるいくつかの施設が登場し、相乗効果を高めている。

ヒルサイドテラスは、1993年にプリンス・オブ・ウェールズ都市デザイン賞を授与された。これはチャールズ皇太子が創設した賞である。彼もイギリスの街並みにあった景観を追求するために、建築界に対して積極的に発言してきたスロー・アーキテクチャーの旗手だったことを考えると興味深い。最後にヒルサイドテラスの意義をまとめておこう。

第一に、建築を通して都市的なデザインを成功させたこと。例えば、複数の建築を組み合わせ、小さなオープンスペースや通り抜けできる道を生み出している。不動産屋に使われるのではなく、建築家も企画に参入し、意見を言える幸福な関係を取り結んでいたことは大きい。『ヒルサイドテラス物語』（現代企画室）を著した前田礼が指摘するように、ここは朝倉家が相続税のために土地を切り分けながらも、一体感を失わずに住み続ける手法も提示している。

そして2003年の巨大開発のような超高層ビル群を一気に出現させるのではなく、時間をかけて低層の複合施設を街に馴染ませてきた。

第二に、六本木ヒルズとは対照的にじっくりと文化の核を形成してきたこと。アートフロントギャラリーが拠点をおき、様々な展覧会を仕掛けてきた。また粟津潔や矢萩喜從郎のグラフィックデザイン、ル・コルビュジエの作品などがちりばめられている。

建築・デザイン系では、第3期の完成時に元倉、山本理顕、藤江和子らが事務所をおき、原広司、小嶋一浩（シーラカンス）、杉千春らのオフィスも代官山に集中している。そして建築界における新人の登竜門「SDレビュー」も、ここで誕生した。スロー・アーキテクチャーは、ハードだけではなく、ソフトも確実に育てる。まさに継続は力なり、である。

町が生き続ける仕組み

植田 実

　代官山ヒルサイドテラスは、渋谷区と目黒区の区境に沿って延びている。集合住宅、店舗、オフィス、ホールなどの複合体（コンプレックス）である。北西には玉川通りあたりまで、南東は駒沢通りを越えた先まで延々と続く尾根にあって、渋谷や恵比寿、反対側では中目黒の街を山裾に見下ろしている。この一帯はどの盛り場の延長でもなく、亭々たる樹木の中に大使館や邸宅が見え隠れして、独立国のように美しい環境を守る屋敷街だった。

　学生時代、渋谷で飲んだあとは親しい友人とこのあたりまで足を延ばしては、何時間でも夜の坂道を上り下りし、トンネルをくぐり陸橋をわたり、もとの道に出たら別のルートに変えて、何をしゃべりあったんだか、暗闇の中のはてしない散策に耽った。もちろん喫茶店もバーも自販機もない、相手の姿も定かでない。

　前にも書いたことだが、建築家の元倉眞琴は、大学院1年生の時にはじめて仲間と渋谷の道玄坂を上り、代官山に向かった。東京下町育ちの元倉さんたちには渋谷すらあまり縁がなかったらしい。坂を上りきって歩いて行き、だんだん田舎になってきたと思ったら、忽然と白い建物が見えた。予想以上に小さい。周りが住宅地だったから際立ってシンプルに思えた。これがモダン建築なのか、やっぱり山手の風景なんだなと感じ入った記憶があるという。ヒルサイドテラス第1期が完成したすぐあとに見に行ったわけだから、昭和44年（1969）、ほぼ30年前である。

　元倉さんは大学を出て、ヒルサイドテラスを設計した槇文彦さんの事務所に入所する。第3期の実施設計を担当したのち独立。しかしヒルサイドテラスには槇さんの口利きでさらに深く関わることになり、現在は彼のオフィスもこの中にある。

　この半世紀における日本の集合住宅の評価を建築専門の関係者に訊けば、代官山ヒルサイドテラスがまずダントツで1位に挙げられるだろう。いや、あらゆるビルディング・タイプを入れても最高位に推す人は少なくないと思う。その理由のひとつは、元倉さんたちが意外

に小さいと感じたそのスケールが、既存の市街地との連続を考えられているからだろう。そして白さ、つまりモダニズムの建築言語を、東京山手にふさわしいものとして選びとったからだろう。さらにその選択の正しさを裏づけるように、30年の歳月をかけて全体が成長してきたこと。これこそ第一の理由に挙げられるかもしれない。国内はもちろん、海外でもあまり例のないケースである。

全体が7期にわたって建てられてきた。第1期A、B棟をはじめとする12の棟、プラザ(地下のホール)、大使館が完成している。第7期には500m離れた飛び地のヒルサイドウエスト3棟が1998年にできた。

オーナーの朝倉不動産は、そのすべての設計を槇さんに委ねてきた。ヒルサイドテラスの隣地をデンマーク大使館に売却するにあたっては建築のデザインを槇事務所に依頼するという条件までつけている。また槇さんの考えで、アネックスの2棟は元倉さんが設計するということもあった。

関係者の方々に、話を伺った。朝倉不動産専務の朝倉健吾さん、槇総合計画事務所所長の槇文彦さん、スタジオ建築計画主宰の元倉眞琴さん。

C棟3階テラスから中庭を見る。背後は猿楽塚の森。

朝倉さんによれば、もともとオフィスを入れるつもりはなく、住居を主体として1階と地下に店舗が入るという計画だった。第1期A、B棟が実現した時点の全体計画構想は、B棟と同じメゾネットの住居とペデストリアンデッキが200m先まで続き、もっと団地らしい絵になっていた。住居専用地区での用途緩和と、複数の建物を計画するための一団地申請をしていたので、オフィスは入っていない。

「ところが住居として借りてくれる人がなかなかいない。それで少しずつオフィスに貸すようになってきたわけです」

住戸の入口はオートロックなどを使わずに、よそ者が近づきにくい心理的な空間の構成で解決するのが槇さんの方針である。そのような細部の設計は全体に効いている。いまは第1期から見れば何倍にも大きくなったヒルサイドテラスに豪華マンションふうの臭みが微塵も感じられないのは、複雑な形で外に開かれているからにちがいない。

第2期のC棟は、店舗に囲まれた求心的なプラザが何と言っても印象的だが、この中庭を見下ろす3階に朝倉さん一族の住まいがつくられた。プラザ上部の吹抜けを囲うロの字型のフロアが、通路、テラス、ルーフガーデンを介して4住戸に分けられている。通路と言ってもロビーふうのコモンスペースや一族が集まる共有の和室がある。ホテルのロビー階と客室階と屋上庭園をワンフロアに小さくまとめたような感じで、しかも眼下

には店舗とプラザという小さな都市の賑わいがある。もともとはこの敷地の中に、朝倉さん一族はそれぞれの家をもって住んでいた。いきなり一緒に住むことになったわけで、はじめは面食らったというが、いまはすっかり馴染んでいるようだ。もとの住まいの形を下敷きにしての新しい都市住宅の姿である。

第3期のD、E棟には、ここだけに限って分譲住宅をまぜる試みをした。ややもすると権利と義務の自覚が欠けがちで、賃貸と変わらない面倒をつい要求してしまう居住者もいるらしいが、自分の空間を所有する人が新たに加わるという出来事は、朝倉さんたちがヒルサイドテラスとは何かを、あらためて根本から検討する契機になったように思える。

通りを隔てて建つF、G棟は、道に南面していることもあって、大きく開かれた店舗やカフェが目立つが、上階には開放的な住居がのっている。

そして第7期のヒルサイドウエストでは、規模は1寝室と小さいが、台所、浴室などの設備はそのわりに充実した住居を、特に朝倉さんの肝煎りでつくり、人気も高い。最初は定着させるのに苦労した住居だったが、現在は事務所と住居とのバランスがほどよくなっている。30年かけて理想に近づいてきた。

この年月の間に、朝倉さん一族の変遷もあった。ご両親が亡くなられ、子どもたちの世代が成長して、それぞれ家庭をもち始めている。C棟3階だけでは手狭で、2階の一部、あるいはF棟などに住まいを根分けし始めている。E棟地下にある朝倉不動産事務所も、かつてはそういう住居のひとつだった。それ以前は元倉さんたちのオフィスに使われていた。診療所が入る予定でつくられていたのだが、その予定がなくなったのを知った元倉さんが朝倉さんに頼み込んだのだ。家賃を少し安くしてもらったとは言え、元倉さんひとりでは払いきれない。仲間で寄り合いの事務所にした。のちに大胆な提案による集合住宅を熊本に設計した山本理顕さんや、ここの家具をデザインすることになる藤江和子さんたちである。その後元倉さんはみんなと一緒に、自分が設計したアネックスA棟に、さらには隣接したマンションに、そして12、3年前、現在のB棟のメゾネット、つまり大学院生の頃からいちばん好きだったスペースに入った。藤江さんはいま、アネックスB棟のワンフロアをアトリエにしている。

これだけではない。朝倉さんの同級生、槇事務所のOB、元倉さんの友人やかつてのスタッフその他、ヒルサイドテラスづくりに関わってきた少なからぬ人の仕事場がこの町のどこかに入り込み、根づいている。これはもう、事務所と言うより半住居である。また学生時代を思い出してしまうのだが、長くアルバイトに通っていた小石川柳町の製本所の周辺には、丁合屋、花布屋、布表紙や皮表紙屋、箔押し屋などの家内工業が軒を連ねていた。路地を歩くだけで本がどのようにつくられていくのかが一目瞭然で、製本所内でも本によっては背を丸めたり、小口に金箔を貼ったりと仕様が変えられるのが面白かった。その職人町に、ヒルサイドテラスはどこか似ている。しかし、それぞれの「職」が1冊の本に収斂する町とはむしろ逆で、ヒルサイドテラスという本から、それに関わった人たちが自分の「職」を自由に展開することになった数多くの物語が読める、そういう町なのだろう。

そして1998年完成のヒルサイドウエストに、槇総合計画事務所が日本橋から移ってきた。

旧山手通りに面して、小さなビルがひとつ建っている。1階は全面ガラスで通りに開かれた、藤江さん設計のカフェ「サロン・ド・テ」、見上げるとファサード全体がアルミのルーバーですっぽり覆われている。思い切りシンプルな建物だ。

カフェの左手にギャラリーのように天井の高い通路があり、奥へ進むと突き当たって左に折れる。右手に突然、芝生の緑が目に入ってくる。この中庭に沿ってさらに奥へ進むと、芝生は木の床に変わり、その上に平屋の

建物がのっている、と見えるが、近寄ると建物は左手に長く延び、垂直方向にも高さを延ばして眼下の小広場に降り立っているのがわかる。階段を伝って小広場に出て、その奥を右手に曲がると、裏のしんとした住宅街に出る。こちらから見ると、ビルトイン・ガレージの上にのった、水平方向に長い2階建ての箱である。

要するに、表通り側の小さな敷地と裏の大きめの敷地がくびれるようにかろうじてつながり、そこを縫う通路や小広場が、奥へ奥へ、視野を広げながら人を誘っている。これはまさに槇さんの「道の空間」や「奥」の理論の、コンパクトだが雄弁な実現である。ここには3棟が建つ。いちばん奥の低層棟は槇事務所。瀟洒な工場とでも言いたくなるこの建築は、ヒルサイド建築群の中でもいちばん明快だ。そこを使う人が自分で設計した当然の結果とも言えるが、この、ほかとはちょっとちがう棟を通して、逆にヒルサイド全体が模索してきた建築の意味を、あらためて見直せるような気持ちになってくる。

アトリエ内部から見ると、端から端まで横長の開口部が通っているが、その中間を棚が一直線に走り、上下に分かれた窓からは空の光と、トリミングされた外の景色の一部が見えるだけ。

「風景っていうのは、例えば何の変哲もない向かいの家でも、切り取って額縁に入れることで、ある印象を与えるんですよ」と槇さんは言う。内部から外を見るだけではなく、ここの内外の道を歩いていても、その先の家々や木々がとても印象的に見える。それはヒルサイド建築群全体に言えることで、どこに立っても建築が額縁となって奥の風景が切り取られていて、つねに建築相互の関係から建築群、その外側の街も同じように見ることになる。

槇さんがオランダの北端に近い都市グローニンゲンのために設計した「フローティング・パビリオン」と呼ばれる、運河を航行するボート型の小劇場がある。帆とも屋根とも、たなびく雲とも見える白のテントに覆われたそれは、白いレースを身に纏う貴婦人のような印象で、なぜか『家なき子』の白鳥号を思い出してしまうのだが、この劇場が動いて行く先々で新しい風景がつくられていく、と槇さんは言う。たしかに写真で見ても、ふつうの運河沿いの街や羊がいるだけの野原の中の水路に、形容しがたい白さのパビリオンが姿を現すと、夢のなかの景色みたいに変わってしまう。

フェデリコ・フェリーニはローマの古い市街地でもミラノ郊外の住宅団地でも、未知の新しい風景にしてしまう天才だったが、カメラで切り取る構図の鋭さだけによるものではない。状況設定や人物との関係で日常の郊外団地を変えてみせた。マルチェロ・マストロヤンニがそこに現れるだけで風景が変わった。そのような

ヒルサイドウエスト中庭から奥にC棟を見る。

ヒルサイドウエストC棟、槇事務所のオフィス

フローティング・パビリオン

働きを槇さんは建築にも求めているように見える。
建築そのもの以上に建築と建築との隙間を大切にしたいというのが槇さんの長年にわたる主張である。事実、ヒルサイドでは棟が増え緑が濃くなるにつれて、その効力が倍増している。
若者たちも増えた。ショッピングもあるだろうが、隙間に魅せられてやってくる。ジベタリアンには格好の場所である。いろいろな人々のアイデアや行動が交錯して、思いがけない場所がつくり出されるのが東京の深さだと槇さんは言う。「お年寄りだけに来ていただきたいわけじゃありませんから」と朝倉さんも笑っている。
朝倉さんが気にしているのは、テナントも客も、日本人は広場のような共有部分の使い方が下手だということで、店で看板ひとつ置く場合でも自分の場所として専用化したがる。そこで貸している立場からすれば規則でしばったりいっさい禁止という断行で、共有部分の微妙な使い分けを諦めてしまうことになる。それでは、朝倉さんにとってはよい町並みがつくれないということになる。この場所にふさわしくない看板類はこちらから金を出してでもつくり直す。現にそんなケースが何店もあり、そのへんの問題処理を引き受けている元倉さんの苦労はひと通りのものではないらしい。見た目には何気ない「隙間」に大変な時間と調停労力がかけられて、現在の姿になっている。
車の往来が激しい立地にあって、外壁の汚れも第1期から大きな問題になっていた。最初は打ち放しコンクリートの肌合いが隠されてしまわない程度の薄いコーティング仕上げだったが、2期では吹き付けタイル、3期では磁器質タイル貼り、そして通りを隔てたF、G棟にはアルミのコルゲート板が使用される。
「アルミだって汚れるから、またひと工夫が必要になるわけです。モダニズムの建築は年と共に熟成するのが難しいデザインや素材によっている。だから所有者や使用者の愛情を欠いたら維持できないんです。建築は汚れたり退化したりすると値打ちが下がってしまうけれど、集合の仕方によっては建物が古くなっても、その場所の価値は減らない。良好な環境をどう守るか、モダニズムの建築を退化させないための技術をどう追求するか。この両方にチャレンジするために、いま朝倉さんと話しあっているところです。
今度ここに移ってきて、建築と場所それぞれの生命の本質を、日々考える機会ができるのは貴重な体験になると思う。でも、昔はそれが当たり前だった。カテドラルの建設現場などは長期にわたるから、最初につくっ

A・B棟に挟まれたサンクンプラザ 　　猿楽塚とD棟の間の「隙間」 　　H棟から広場へ向かう小道

た部分がどう劣化するかを工事中に学んで、それをフィードバックできたわけですから」
槇さんはそう考えている。
ヒルサイドテラスは、最初に描かれた全体構想図をつねに描き変える形で成長し、集合住宅団地の様相もその過程で薄れてきたように見えるが、結局は住まわれていることによって支えられ、他のどこにもない複合体に成熟している。住居という因子は建築に法外な要求を突きつける。私的領域と公的領域との微妙な関係を要求し、24時間を過ごすに足る環境を要求する。それは6畳1間の部屋でも大邸宅でも変わらない。どこにでもある昔ながらの店舗併用住宅もモダンなヒルサイドも同じである。
ここのオーナーの姿ははっきりと見えている。そして誰もが、東京山手の恵まれた場所に広大な土地をもち、同じ建築家と30年もの時間をかけてゆっくりと理想的な建築を実現してきた余裕に驚く。だが、それはきめ細かいやりくりをしてきた結果にすぎない。「朝倉不動産はディベロッパーではなく、自分の土地を守っているだけなんでね。個人の資産の運用という範囲にとどまっていて、拡大再生産をやることはない。ここでも、ひとつの事業が終わってから、次を始めるというペースがはじめから現在まで一貫している」と元倉さんは言う。
集合住宅として、ヒルサイドテラスは従来にはない形で存在している。なぜなら、私たちにとって集合住宅とは、突然出現するものでしかなかったからだ。つまり、周辺環境と無関係な形態によって、さらには一挙に膨張した量によって出現するやり口に、私たちは従順な犬のようにしつけられてしまっている。
かつての同潤会代官山アパートは地形ごと根こそぎ引き抜かれて、そのあとに超高層住宅が立ち上がった。朝倉さんの住まいの屋上庭園の上、空以外には何も見えなかった視界にもそれは入り込んできている。ヒルサイドテラスの抑制されたスケールと穏やかなモダニズム、建築とその外部空間とのバランスのよさは、建築家の単なるテイストや手法ではもはやない。突然出現するものだけでつくられてきた東京の現在に対して、槇さんの言葉を借りれば「東京の深さ」が異議申し立てをしている。代官山ヒルサイドテラスをつくりあげてきた人たちが、劣化現象から、たぶん、いちばん多くを学んでいるのだ。
この地はこの先も、集合住宅をつくること住むこと、街と共にあることの最前線を持っていくだろう。

伝統が息づく都市開発

ロナルド・E.ラボイエ

都市計画を専門とする著名な日本人建築家槇文彦氏は、1964年に『集合体の調査』*1を発表し、「日本の都市と都市開発には、有意義な環境をつくり出すための空間への配慮に欠けている」ことを指摘した。当時の日本が戦後の焼け野原から復興を遂げ、21世紀には先進工業国の仲間入りを果たそうと産業化を急ピッチで進めていたことを考えると、この槇氏のコメントには納得がいく。しかしながら私が困惑するのは、40年近くも前の氏の指摘が未だに今日の日本のほとんどの都市に当てはまるという点である。

東京をはじめとする日本国内の大都市の大半は、中心部は均一化された没個性的なオフィスや商店街で形成され、住宅のドーナツ化現象が生じている。また、臨海地は一様に工業化され、高速道路や線路が無節操に交錯している。そして、このような日本の都市風景の中に時折見られるのが、東京都庁や東京国際フォーラムなどの国内外の偉大な建築家の手による大胆な建築モニュメントである。このように、多くの大都市の空間は依然として「急速な発展」という戦後同様のスローガンのもとで雑然とした建物に埋め尽くされている。その結果、近代的なショッピングプロムナードや最先端オフィス及び店舗と新しい住宅空間を組み合わせた「即席都市」*2をつくるために、日本古来の地域密着型の木造の家並みや寺社からなる伝統的な都市形態が急速に破壊され、日本の都市は唯一無二の特性を失ってしまったのである。

日本の大都市の6割が第二次世界大戦下の空襲によって都市の40%近くを破壊された中で*3、唯一空襲を免れた京都ですら、戦後50年間に伝統的な環境や文化が徐々に失われてしまったことは非常に悲しむべきことである。現在京都にかろうじて残されている文化遺産は、戦後、近代化に切迫した日本が行ってきた都市破壊のわずかな生き残りである*4。

日本の都市のみならず世界の他の都市でも急速に「近代化」は進んでおり、決して否定すべきものではない。しかし日本においては、そのプロセスがはなはだ問題である。なぜなら現在の日本は、文化的都市遺産の保護のために十分な時間と費用をかけるだけの豊かさを有しながらも、依然として急速な成長と即席の都市づくりに邁進しているからである。つまり、日本は第二次世界大戦によって失った貴重な文化的都市遺産の価値を自覚することなく、相変わらず戦後の都市成長パターンに固執しているのである。

第二次世界大戦前の日本には、何世紀にもわたって築かれてきた明確な都市形態が存在していた。しかし、日本は近代化への切迫感と西洋の建築技術への憧れに煽られて開発を急ぐあまりに、都市開発における伝統的な原則や文化的都市遺産の保護に関する制度の確率*5を軽んじてきたのだ。このような日本のあり方には、国内外を問わず多くの都市計画専門家や建築家が一様に驚きを示している。

ハーバード大学大学院の都市設計教授であるアレックス・クリーガー氏は、1997年に「有意義な都市形態は段階的にじっくり時間をかけてはじめて達成できる」*6と述べているが、この考え方は立場を問わず良識ある多くの専門家たちのいわば共通認識となっており、また、現在経済的に豊かで住みやすい環境が整っている世界のすべての都市で、すでに実践されてきたことでもある。この都市開発における基本的かつ重要な考え方こそが、日本が近代化に対する切迫感によって最もないがしろにしてきたことであり、冒頭に挙げた槇氏の日本の都心についてのコメントが40年後の現在も真実であることの最大の原因である。

しかしながら興味深いのは、日本の都市開発における最大の問題点を指摘しているクリーガー氏の上述のコメントが、東京都渋谷区代官山地区の開発プロジェクト「ヒルサイドテラス」を賞賛する論評の中にあることである。

現在、流行の先端をいくスポットとして大人気の「ヒルサイドテラス」は、槇氏が1967年に着手して以来、現在

もなお30年以上にわたり続けられている都市開発の先駆け的プロジェクトである。本プロジェクトは戦後日本の都市開発において数少ない不朽の成功例となったが、未だに渋谷区を含む全国の官庁や名だたる住宅開発業者のほとんどが、この開発の意義や価値について知る由もない。なぜなら毎年日本政府の役人や開発業者は都市開発の秘訣を学ぼうと海外の都心に出向き、固有の都市事情を学ぶことよりも即効的な開発（大規模な複合利用目的の開発、著名な国際的建築家やプランナーによる公共部分の開発など）を真似ることに躍起になっているからである。また「ヒルサイドテラス・プロジェクト」は、開発地域を近視眼的に捉えずに、環境事情に留意しながらDNAマスタープランに従いじっくりと進められたため、成長も段階的な秩序を保っており、即座に脚光を浴びるという質のものではなかった。しかしヒルサイドテラスは、その規模は大きくないにもかかわらず、巧妙な手法で確実に東京の都市構造に侵食し、今や都市形態の記念碑的な存在となっている。本プロジェクトは、世界中のあらゆる都市開発の参考となる価値がある成功例である。

「ヒルサイドテラス・プロジェクト」は朝倉一族が所有する丘の中腹に位置する一片の土地で1967年に始まった。当時この一角には木々が茂り、傾斜のある土地には朝倉家所有の何軒かの古い家屋が建っているだけであった。当時東京は次々に郊外へと拡大されていたが、その傾向をむしろ将来的な価値への投資、すなわち土地開発の絶好の時期だと捉えた朝倉家は、従来通りの居住生活を保持しながら同時に不動産価値を引き出すために段階的な開発をしようと考えた。朝倉家の住居を店舗やオフィス、居住空間などと段階的に統合させるマスタープランの開発を委託された建築家の槇氏は次のように語っている[7]。

「ヒルサイドテラスのプロジェクトに一貫しているのは、日本の伝統的な都市開発の原則と近代的な都市景観との融合であり、本プロジェクトは与えられた敷地

模型で見るヒルサイドテラス全景

の特殊性や限界といった現存する条件を考慮し尊重するという試みであった。このケースで実際に我々は歴史的な土地の一角をかなり扱っており、例えば古墳上に位置する小さな神社は、その当時江戸と呼ばれていた東京がまだ小さな一漁村にすぎなかった7世紀にも、代官山に人が住んでいたことの証しである。場所の持つ精神（ゲニウス・ロキ）を守っていくことは、段階的な開発を進めていく上での暗黙の了解事項であるが、それを歳月を経ても色褪せない建築で達成することはかなり難しい」*8

猿楽神社。奥にE棟が見える。

プロジェクトはほぼ7段階に分けて実行された。
第1期は小規模の公共と私有の空間を歩行者用連絡通路で連結し、ひと続きの低層住宅を街路沿いの店舗上に配置し1969年に完了した。
第2期にはプロジェクトの焦点はさらに内方向へと移り、朝倉家の住居をオフィスや店舗が混在する空間と調和させ、渋谷区の発展に伴って生じる騒音と混雑を回避するために、大通りに通じる中庭を配置し1973年後半に完了した。
第3期は地域の人口統計の推移を考慮し再び有機的に展開された。オフィス空間の需要の高まりに伴い住居群は多目的型に設計され、ファッション地区としての代官山の成長にあわせて店舗スペースが追加され、4年後に完了した。
第4期では、さらなるオフィスを収容するためのヒルサイドテラスアネックスが1985年に建設され、これと並行してデンマーク大使館の建設が行われた。朝倉家はヒルサイドテラスに隣接する土地をデンマーク政府に売却する際に、槇氏と共同事業者たちが大使館の設計を担当することを条件としたため、大使館の設計及び計画は進行中のヒルサイドテラス・プロジェクトの開発と一貫性を保つことができた。
第5期は、新ファッションエリアに対してますます高まるニーズに対応しながらも、勾配のある自然の地形に留意し、ライブ公演や展示、ファッションイベントのために街路に面して配置された開放的で広大な公共空間を特徴とするヒルサイドプラザが1987年に完成した。
第6期の頃には、代官山地区のイメージの変化に伴う住居開発ブームに従い高層ビル建設が認可されていた。しかし槇氏は朝倉家の所有地の最後の区画にオープンスペースと通路沿いの店舗、オフィス、住居を融合させ開発済みの区画との調和を図り、高層階を引っ込めることで高層ビルの規模を抑えヒルサイドテラス・プロジェクトの全体的な規模を保持し、1992年に完了した。
第7期は1996年から1998年にかけてヒルサイドウエストの開発が行われた。最初の複合住宅が位置する大通りから見ると、下方に緩やかなカーブを描き、オフィスと店舗空間が表通りの旧山手通りに面しているヒルサイドウエストは、下方と裏手から往来可能な地形に沿って建設されていることによって裏手の住宅のプライバシーが守られている。また槇氏自身のオフィスともつながっており、複合住宅の中心に位置する緑豊かで開放的な中庭は、上部の大通り沿いのオフィスと店舗を結びつけている。このヒルサイドウエストはヒルサイドテラスとは場所を異にするものの、住居、オフィス、店舗を融合させた槇氏の設計からは「ヒルサイドテラス・プロジェクト」の一貫した姿勢が窺い知れる。
例えばヒルサイドテラスのファサードと外壁は、開発

A棟コーナープラザ

F・G棟に囲まれた広場

の各段階においても象徴的なものであったが、全体的にはヒルサイドテラスの内外の装飾空間を継続的かつ明快に分離する象徴的な境界壁となっている。このようなところに建築における伝統的な日本のテーマである建物と自然との継続性の提示が感じられる[*9]。また開放的な緑の空間と広場を取り囲むように中庭に浮かび上がるシンプルなデザインのガラス壁は、街路のファサードを区切ると同時に自然の要素を建物に取り込んでいる。さらに店舗空間は伝統的な施工によって自然と建築形態が混在し、なおかつ現代的な機能性を備えている。

このように「ヒルサイドテラス・プロジェクト」では、すべてにおいて内と外の継続性と周囲の都市構造が留意されており、近代的な設計を取り入れながら同時に失われつつあった日本の伝統的な都市形態が大規模なプロジェクトに巧みに反映されている。日本の伝統的な原則を今日の東京の現代的な都市ニーズに見事に適用した本プロジェクトは、経済効率を向上させ商業価値を最大化しているだけでなく、規模、形態といった美観においても十分に満足感を与えるものとなっている。

無論、ヒルサイドテラスの真の成功は、本プロジェクトが代官山地域全体の都市構造に与えた影響を引き続き分析することによって明らかになるだろう。しかし、地域の特性に配慮しながら緩やかに進められたこの開発によって、代官山がゆっくりと時間をかけて、人口1,600万人の大都市東京の中で最も望ましい場所へと成長したことは紛れもない事実である。おそらく、このような開発は戦前の日本では目にすることができたであろう。オープンカフェやレストラン、最先端のブティックや画廊が緑豊かな大通りに沿って建ち並ぶほどよい規模のおしゃれな街、代官山は生活あるいは仕事の場として今や人々の憧れの地になっている。そしてヒルサイドテラスはその代官山の中心的存在である。

土曜には普段着の、日曜にはめいっぱいおしゃれした人々で賑わう代官山に住むことは多くの人にとって羨望の的である。なぜなら、東京やその他の日本の大都市圏の平均的な住人のほとんどは、無秩序な都市要素と自然環境、そして性急に計画された灰色で陰鬱な高層建築などの不毛な景観に囲まれて暮らしているからである。これらの即席につくられたお手軽な都市はおしなべて短期的な経費削減を重視し、地震、火事などに対する建築条件や伝統的な日本の美的法則をないがしろにしており、理想的な開発において最も基本であるマスタープランの策定を実践していない。

それに対して、都市事情を踏まえて設計され、長期的な観点で開発が行われたヒルサイドテラスは、美観と快

適な居住環境を満たしているだけでなく、オフィス、住居、テナントの賃貸料が東京の中心的な場所である赤坂、広尾、六本木地域と同程度であることにより、短期的コストや長期的な収益の点でも理に適っていることを証明している。

「ヒルサイドテラス・プロジェクト」から得られる教訓が、いかに日本の都市問題だけでなく世界に通じるものであるかは、ケビン・リンチ氏が独創的な作品『都市のイメージ』の中でアメリカの都市の窮状に言及している以下の言葉から察することができる。

「アメリカ人には美しく快適な街で暮らすことの意義がほとんど理解できない。彼らは自分たちが住んでいる世界の醜さはよく理解しているが、調和のとれた快適な環境については観光客としてリゾート地などで一瞥したにすぎない。したがってそのような環境の潜在的な価値も周囲の環境と日々の喜びとの関連性もピンとこないのだ。人間とは何事も経験によって理解できるものである。つまり彼らがその感覚を認識するためには、過去の記憶やそれに至る一連の出来事、そして感じるための環境を要するということだ」[*10]

私は代官山の住人として、ぜひみなさんにリンチ氏が示唆する体験をヒルサイドテラスでしていただきたいと思う。経済的観点ばかりでなくクオリティ・オブ・ライフの観点からも意義や豊かさを確かに映し出しているヒルサイドテラスは、国内外の研究対象となるにふさわしい開発である。

[*1] Alex Krieger, "(Ongoing) Investigations in Collective Form : Makis Quarter of a Century at Hillside Terrace, "Fumihiko Maki, Buildings and Projects, Maki and Associates, Princeton Architectural Press, 1997
[*2] Alex Krieger, 1997
[*3] Anthony Tung, Preserving the Worlds Great Cities, Clarkson Potter / Publishers, 2001
[*4] Diane Durston, "Kyoto, Seven Paths to the Heart of the City" Tung, 2001
[*5] Anthony Tung, 2001
[*6] Alex Krieger, 1997
[*7] 槇文彦「ヒルサイドテラス」、Fumihiko Maki, Buildings and Projects, Maki and Associates, Princeton Architectural Press, 1997
[*8] Fumihiko Maki, 1997及び、ヒルサイドテラスのWeb上の槇氏のコメントを参照（www.hillsideterrace.com/history.html）
[*9] 芦原義信、『街並みの美学』、MIT出版社、1979年
[*10] ケビン・リンチ、『都市のイメージ』、MIT出版社、1960年

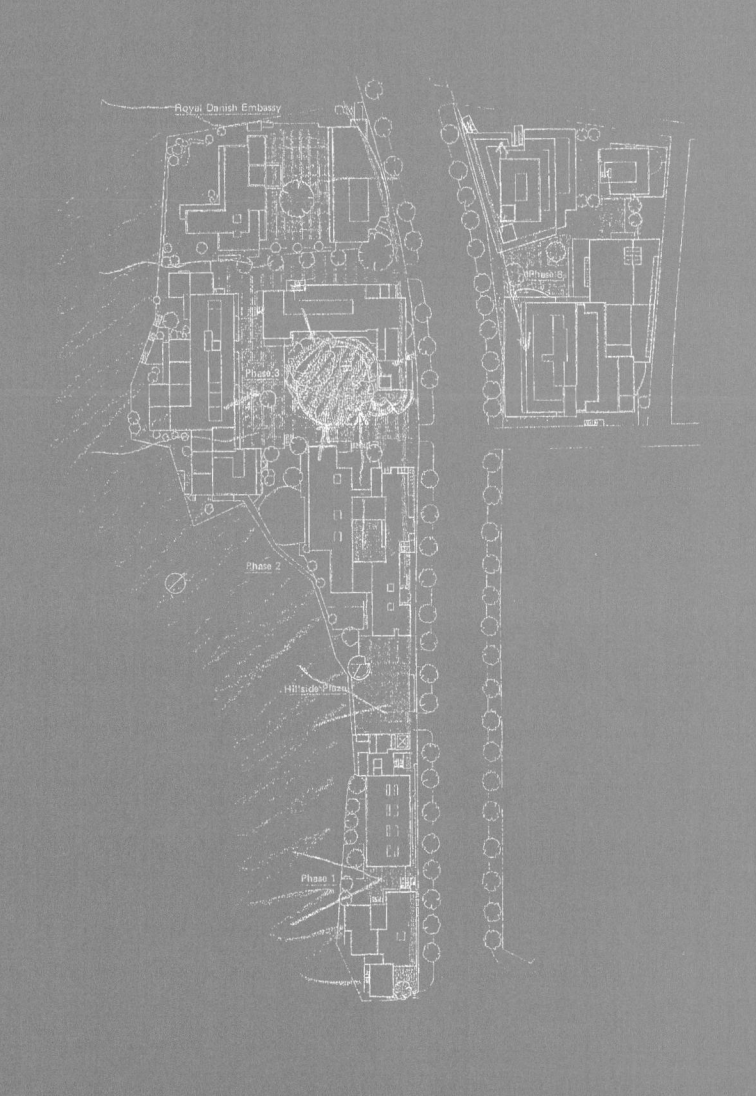

ヒルサイドテラス＋ウエストの建築・空間・都市性

パブリック領域と住居ユニットの構成
解説：槇 文彦

ヒルサイドテラス全体平面図

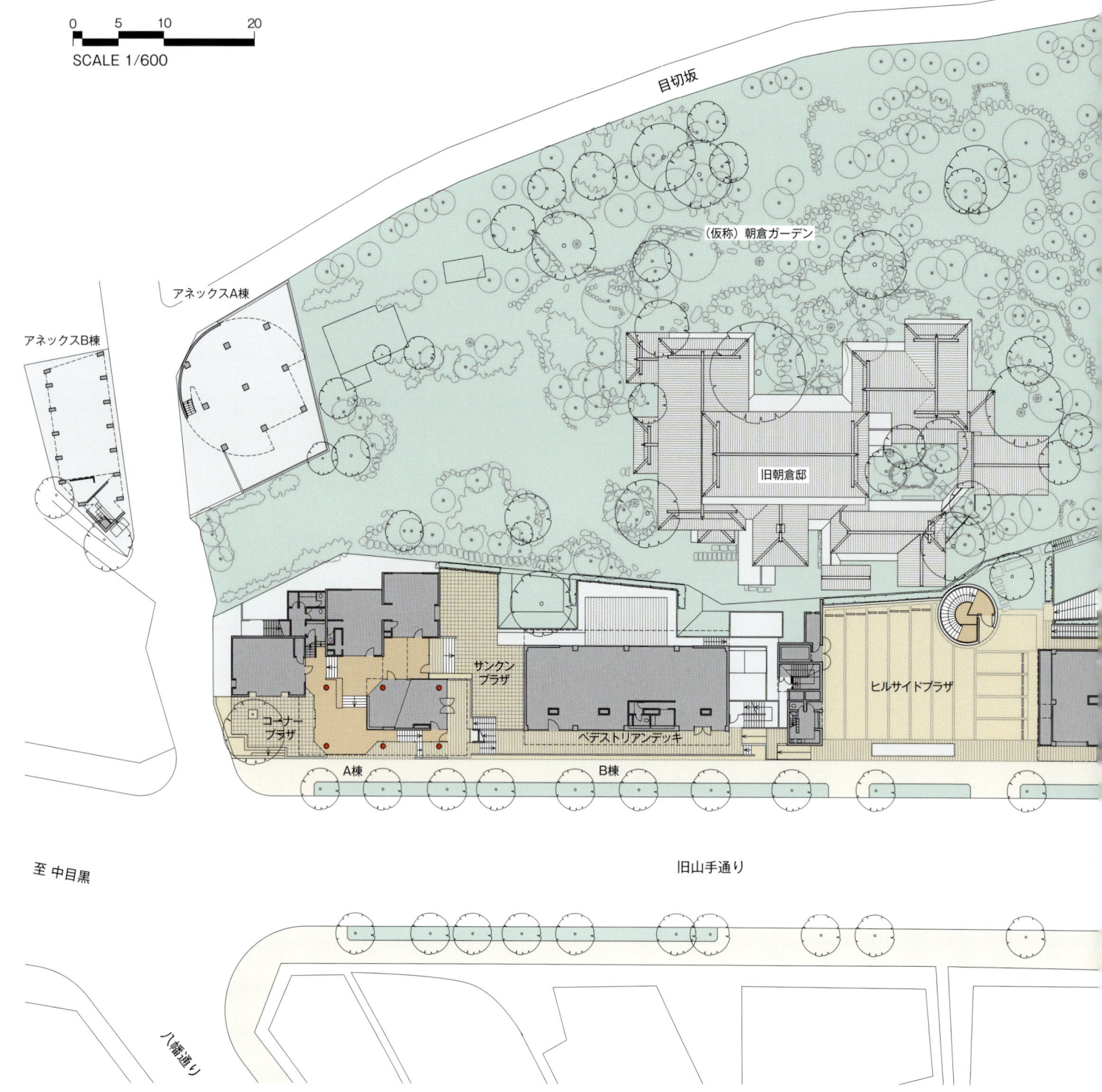

SCALE 1/600

目切坂
アネックスA棟
アネックスB棟
（仮称）朝倉ガーデン
旧朝倉邸
サンクンプラザ
ヒルサイドプラザ
コーナープラザ
ペデストリアンデッキ
A棟
B棟
至 中目黒
旧山手通り
八幡通り

　ヒルサイドテラスの配置計画は各フェイズ毎に特徴のある内外のパブリックスペースがつくられ、それらを連鎖させることによって構成されている。地上レベルにおいては、こうしたパブリックスペースを中心に、店舗、カフェ等が展開され、自然に周遊性のある、かつヒューマンな場所群が形成されている。

　渋谷区に文化庁よりその保存が委託されることが決定されている朝倉ガーデン（仮称）が、より積極的にこの地区に加わっていく時、ヒルサイドテラスのパブリック性はさらに厚みと変化を増すことになろう。

▨	：外部パブリックスペース
▨	：内部パブリックスペース
▨	：店舗・住居等

庭園

大使公邸

E棟

中庭

茶室

猿楽塚

事務棟

中庭

デンマーク大使館

C棟　D棟

至 国道246号線
約500m先
ヒルサイドウエスト

G棟

F棟

広場

池　ヒルサイドフォーラム

H棟

59

旧朝倉邸の鬱蒼とした庭園は、渋谷区へ移管後もそのまま大正時代の名残を示す庭園として保存されることとなった。　　　　第6期完成時（1992年）

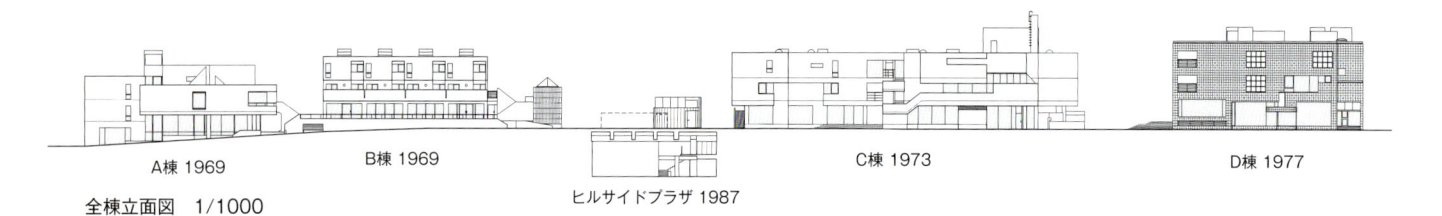

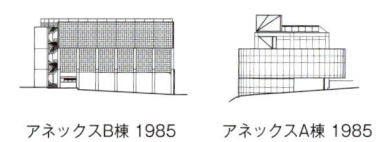

A棟 1969　　B棟 1969　　ヒルサイドプラザ 1987　　C棟 1973　　D棟 1977

全棟立面図　1/1000

アネックスB棟 1985　　アネックスA棟 1985

各フェイズの立面。構成の手法はそれぞれのフェイズのプログラム、敷地の形状、旧山手通りとの関係、プログラムによってそれぞれ異なった特徴をもったものになっている。特に第2期（C棟）以後は、壁面線と高さを統一する以外は、逆に表層の素材、表現も意識的に変えていくことによって、

ヒルサイドテラスの模型。　各期のスタディでは常にそれまでに建設されたものが参照され、模型はデザインの過程の中で不可欠なツールのひとつであった。

ヒルサイドテラスを南側から見る。

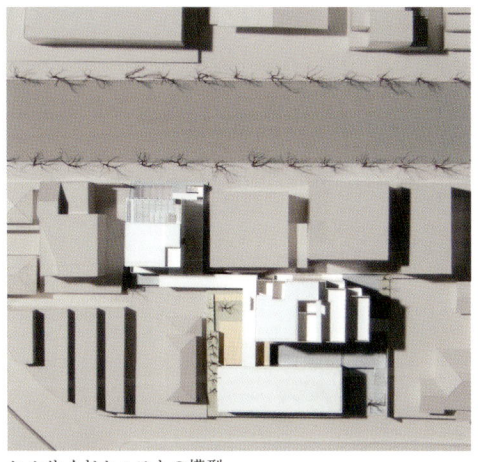

ヒルサイドウエストの模型

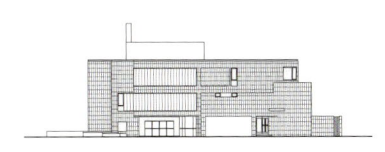

デンマーク大使館 1979

G棟 1992

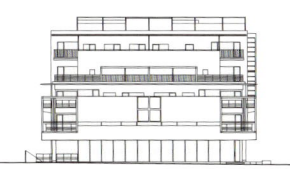

F棟 1992

それぞれの時代の刻印を建築にも求めていった。
A、B、C、E棟は吹きつけタイル、D棟とヒルサイドプラザは白いタイル、アネックスはコンクリート打放し（元倉眞琴設計）、デンマーク大使館はサーモン・ピンクのタイル、そして第6期を構成するF、G棟はアルミが表層を覆っている。

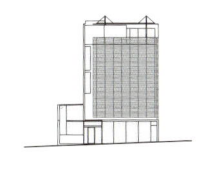

ヒルサイドウエスト
A棟 1998

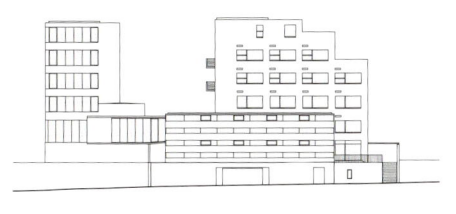

ヒルサイドウエスト
B、C棟 1998

1. 建物の高さ

旧山手通りに面する各建物は高さ10mを保持し、ひとつの街並みとしての景観をつくり出している。

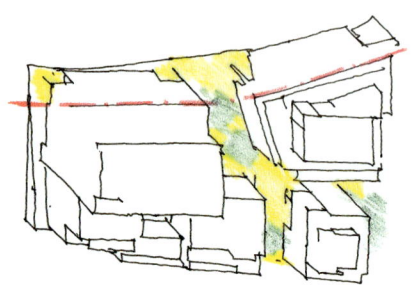

2. パブリックスペース

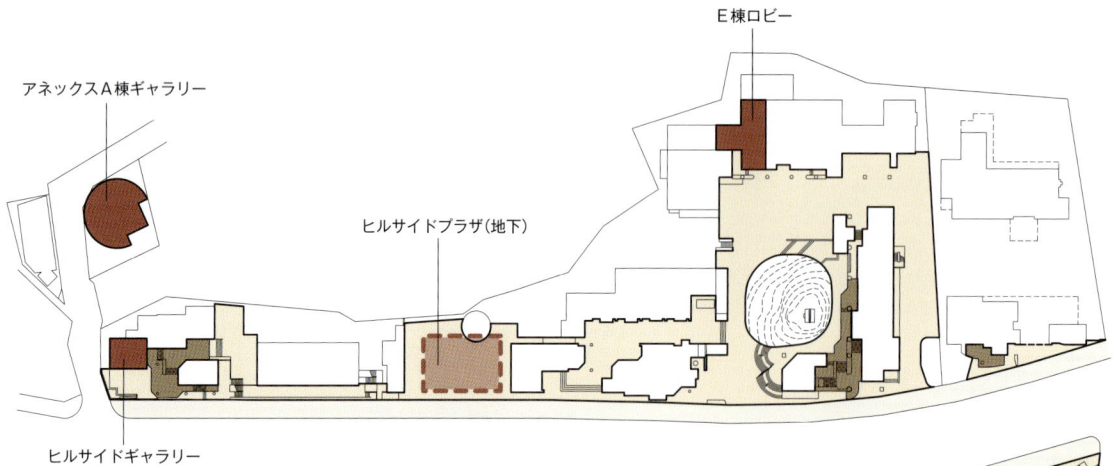

都市空間にひとつの秩序を与えるのが、内部・外部のパブリックスペースである。特に展示、集会、音楽等文化的イベントの空間をもつことによって、その性格は一層特徴づけられる。

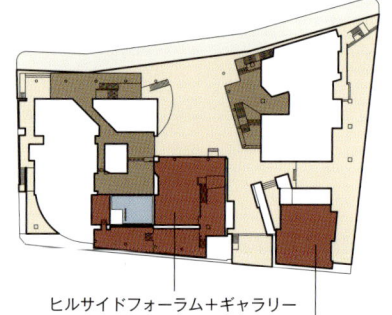

3. 空間の襞

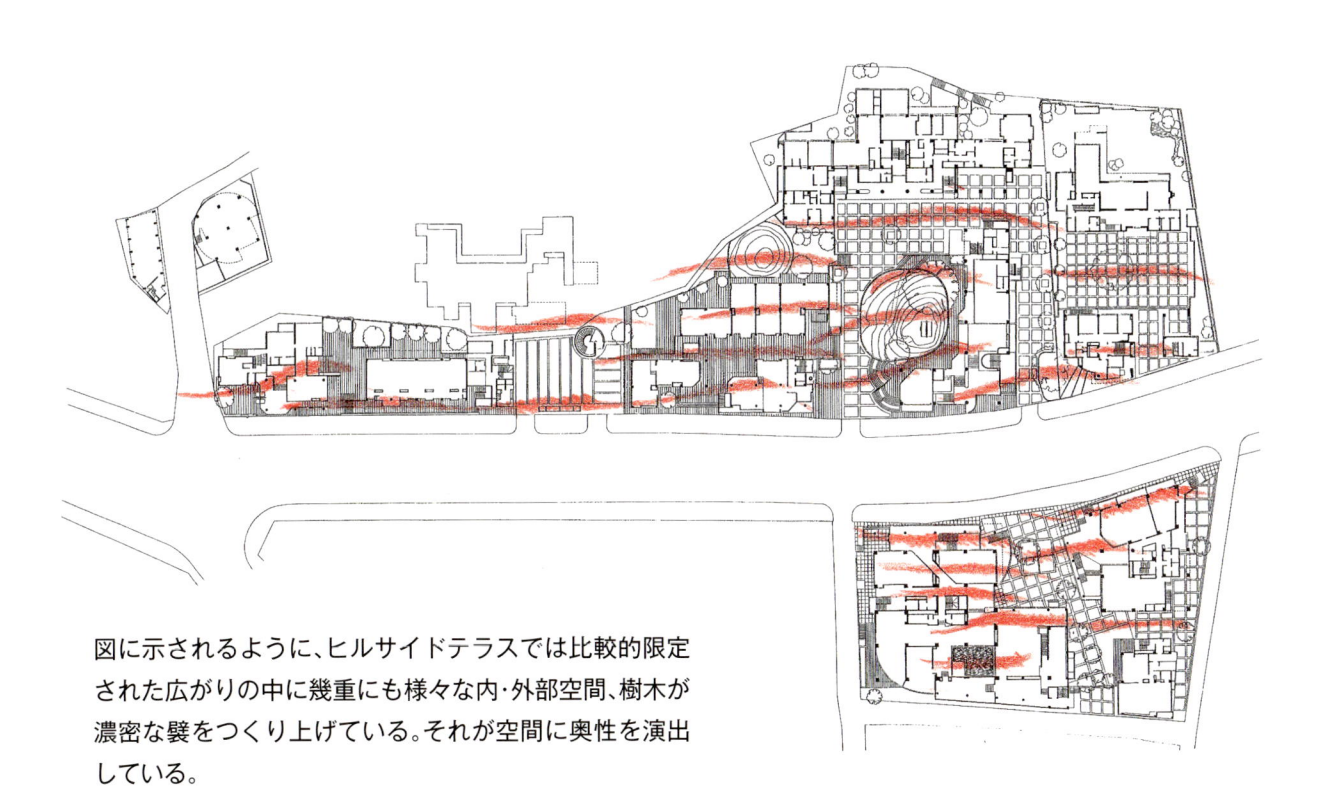

図に示されるように、ヒルサイドテラスでは比較的限定された広がりの中に幾重にも様々な内・外部空間、樹木が濃密な襞をつくり上げている。それが空間に奥性を演出している。

4. 回帰性のある経路

この計画の特徴は、各建物が単に旧山手通りに面しているだけでなく、敷地内に設けられた内部・外部のパブリックスペースによって異なった経路を選択しながら、再び旧山手通りに帰ってくることができる。それはより豊かな逍遥性を与えていると言えよう。

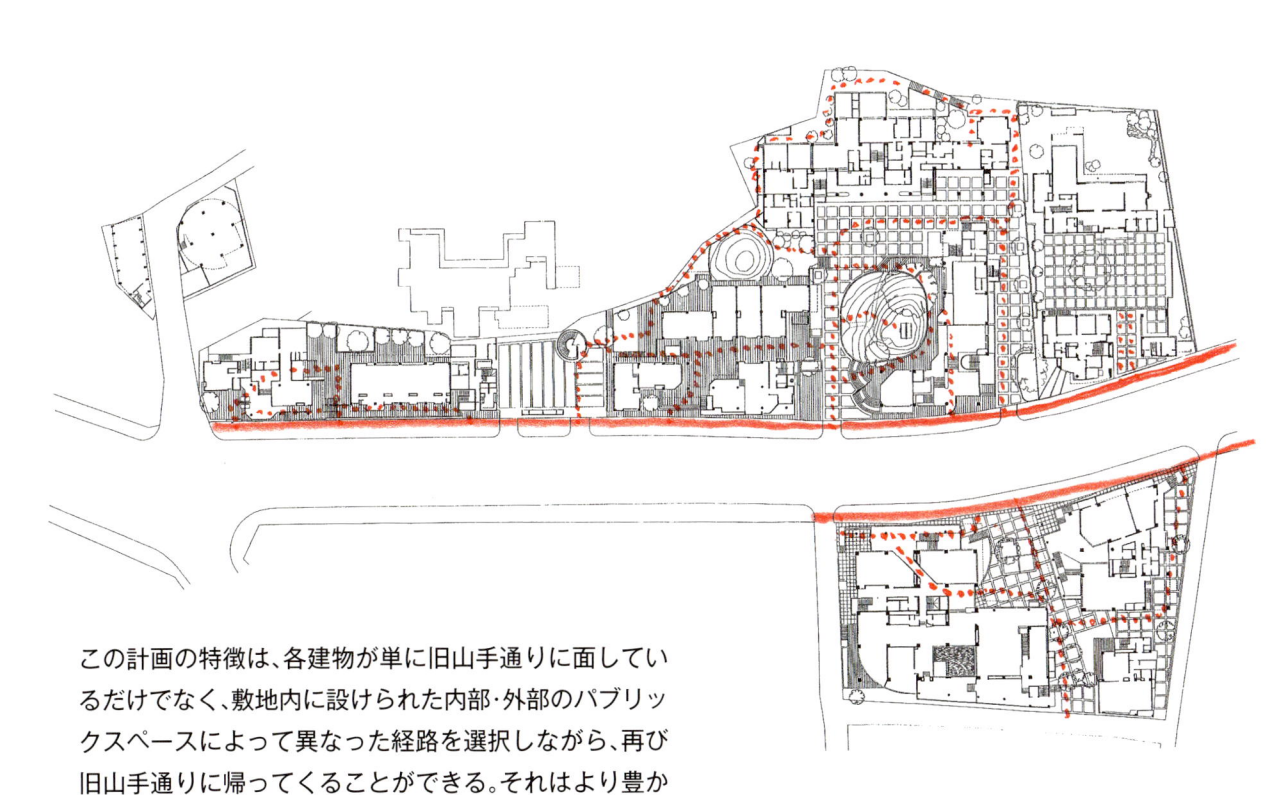

A、B棟が完成した頃の周辺の風景。中目黒の方もあまり高層の建物がなかった。

第1期 1969

1967年に計画が始まり、69年に完成したこの第1期のA棟、B棟は施主にとっても、また建築家にとっても、様々な想い出の多い建築である。小さなコーナー・プラザの奥に透明性のあるパブリックのスペースを設け、ここからB棟の半地上部分へとつながっていく。A棟とB棟の間にある高低差を利用し、スキップ・フロアを設けている。今日のようにバリア・フリーが求められていなかった時代のデザインでもある。

建物の高さ最大10mという第一種住専地下の中で、4層を可能にすることから生まれたB棟のペデストリアン・デッキ。上部のメゾネットと共に個性のあるシルエットを形成している。

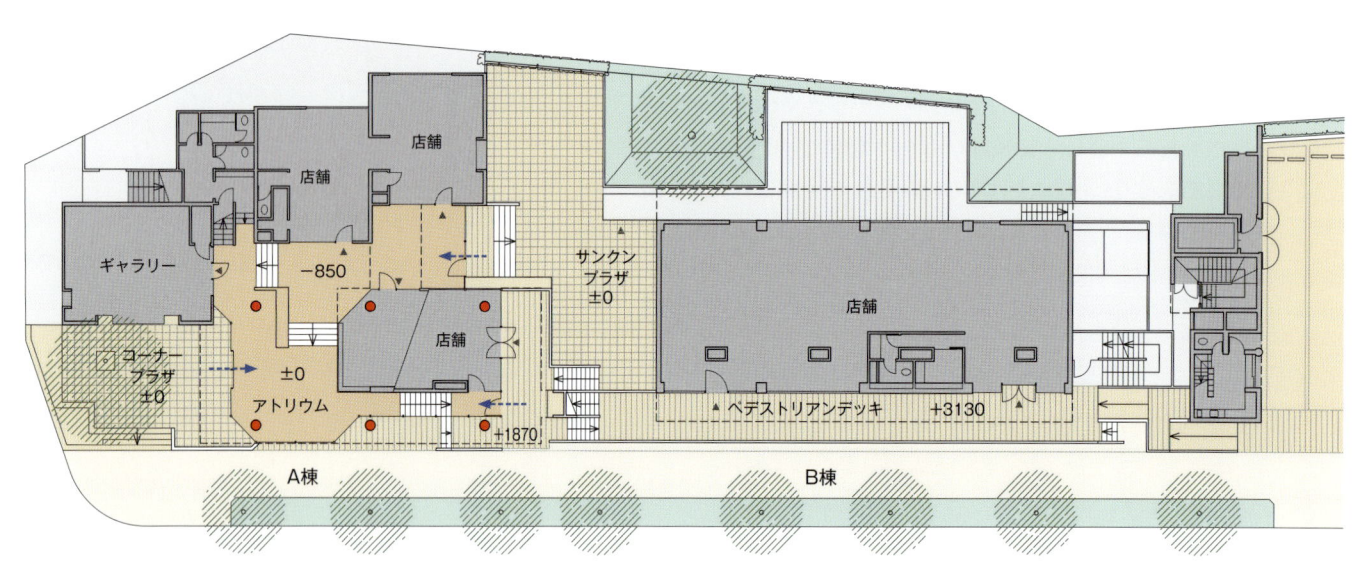

第1期平面図 1/400

完成直後のA棟のアトリウム。A棟、B棟の外装はフジコート。同じようにアトリウムも白い内装。緑がまだ濃かった旧山手通りに白いモダニズムの建築の出現

B棟のサンクンプラザを望む。

サンクンプラザを見下ろす。

A棟が完成したときに植樹した欅が10年後には大きく育ち、コーナープラザを覆い始める。

旧山手通りに沿うA、B棟の外観

B棟のペデストリアン・デッキ

完成時の住居。居間から食堂、外部テラスを見る。

A棟2階住居

A棟が完成した時、この部分は当時B棟の1階で営業を開始した「RENGA屋」というフレンチ・レストランのオーナーの住居として設計された。
A、B棟のサンクン・ガーデンを介して、外部テラスから、旧朝倉邸(当時渋谷会議所)の豊かな緑を見ることができる。
四角い窓(前頁左下の旧山手通り側外観参照)を通して旧山手通りの並木の緑が写し出されていた。

改修後のギャラリー

A棟2階平面図（竣工時の住居仕様）1/400

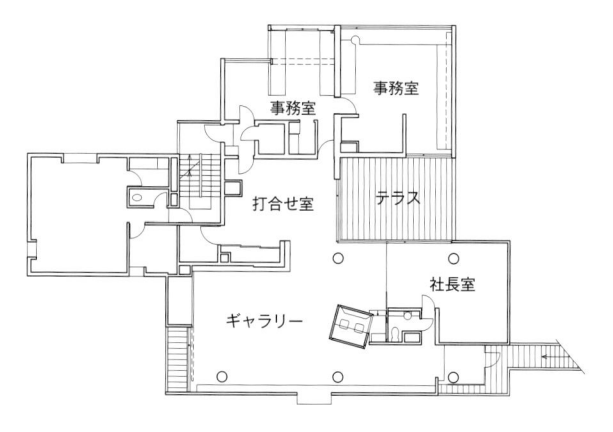

A棟2階平面図（事務所仕様へ改修後）1/400

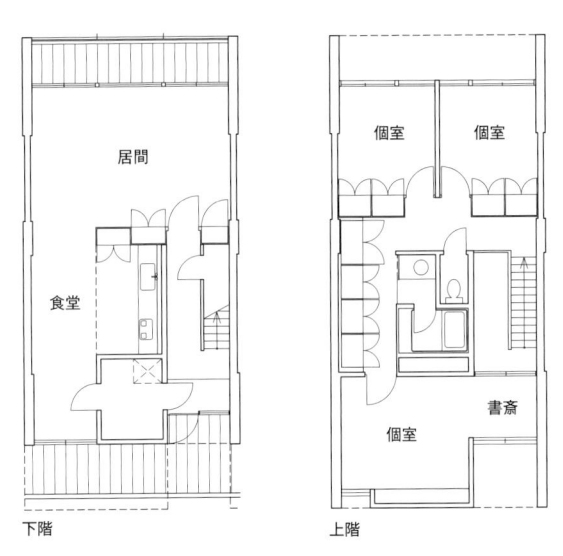

住居仕様（竣工時）の平面図　1/200

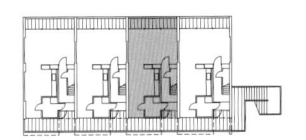

下階／上階

居間／食堂／個室／個室／書斎／個室

B棟2階平面図　1/800

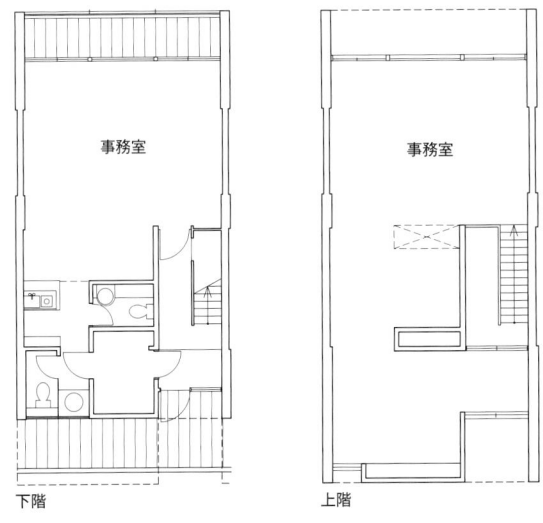

事務所仕様へ改修後の平面図　1/200

事務室／事務室

吹抜けから玄関、書斎コーナーを見る。

B棟メゾネット型住居

60年代といえば、様々な住居ユニットのタイプが試みられていた時代であった。メゾネット型住居もその試みのひとつであった。玄関の上部を吹抜けとし、水回りコアを中央にまとめ、主要な部屋は直接外部に接している。
このタイプは後にオフィスに改造されたユニットもあり、リノベーション後のプランもここに示されている。

居間の一例

歩道から斜めに入る、60cm上がった中庭

第2期1階平面図　1/400

床タイルのパターンは粟津潔のデザイン

第2期 1973

第2期のC棟は第1期のA、B棟が完成してから、数年後に設計に着手し、第1期から5年後、1974年に完成している。既に代官山周辺の歴史と変遷において述べたように、第2期のコンセプトは、第1期の経験を踏まえてかなり変更されている。第一に敷地をより西側にずらすことによって、B、C棟間に距離を与え、この部分に当時必要とされていた駐車場を与えると共に、南北に深い敷地を利用して、C棟は旧山手通りに対して、より接地性の高い、中庭囲み型の形状をとった。これは第1期のB棟のペデストリアン・デッキは、どうしても舗道からの接地性に欠け、そのことが店舗にとってふさわしくないと判断したからである。

歩道から60cmくらい上がったところに設けられた中庭はピロティを介して開放的なパブリックスペースとして、それをとり囲む店舗と共に、第1期と異なった賑わいをつくり出すのに成功している。

中庭の西のオープニングを介して猿楽塚の深い緑が見える。

猿楽塚の方から中庭を見る。

エンドウ・プランニングのインテリア

コモンスペース

コモンスペースの渡り廊下から屋上庭園を望む。

C棟3階住居

中庭を囲んで2、3階に住居等が展開する。3階の北西隅のところは、この建物が完成した時は朝倉家のコモンスペースとして計画された。広い座敷と応接スペース等からなるこの部分は、朝倉家の仏事などの集まりに利用されてきた。

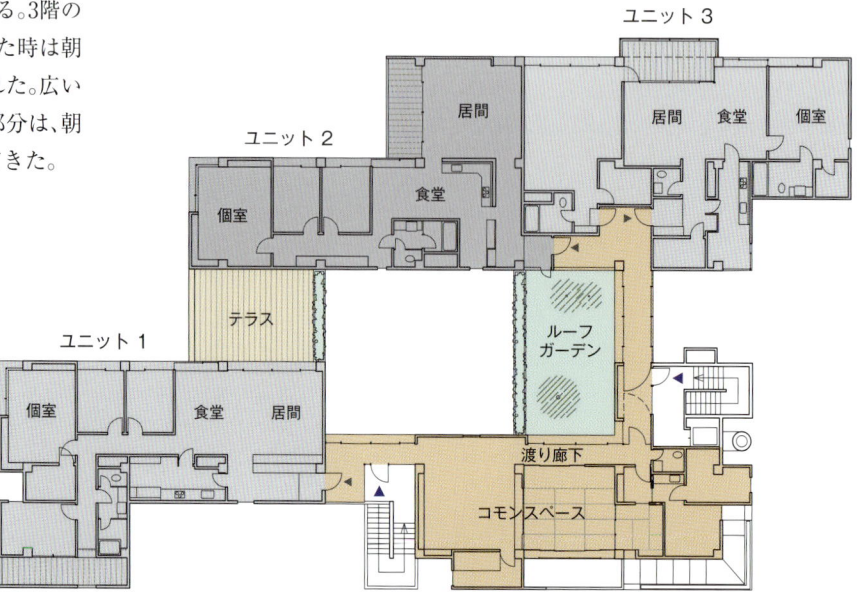

C棟3階住居平面図　1/400

次頁：早春の猿楽塚。左手前はオーナーの朝倉兄弟

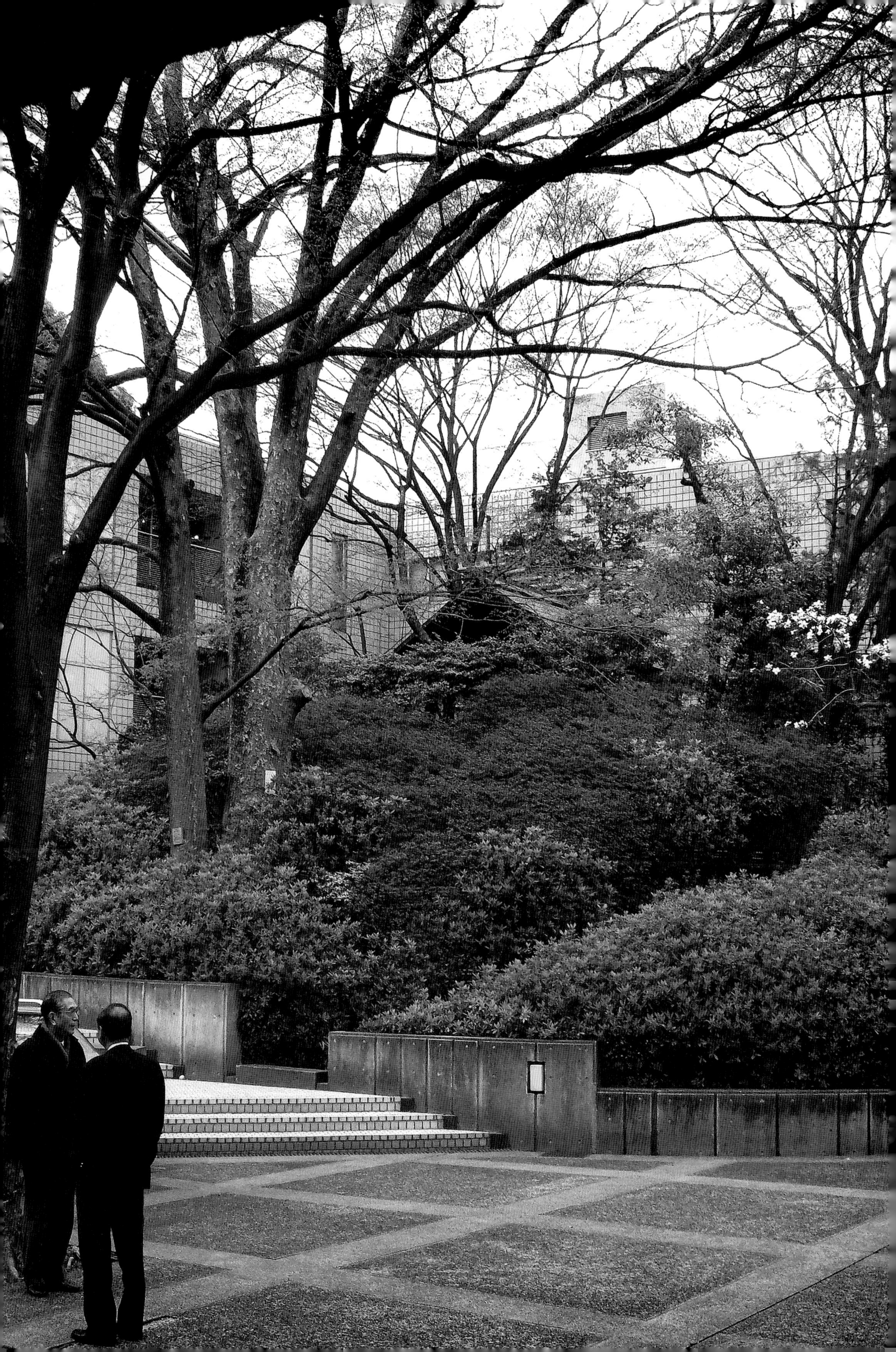

猿楽塚を囲むようにD棟が構成されている。

コンセプトコラージュ

第3期 1977

この第3期は敷地が南北に最も深く、その中央に猿楽塚がある。この圧倒的なグリーンのヴォリュームを囲むようにD棟、E棟が直角に配置されている。

A、B、C棟に続くD棟はヒルサイドテラスの第3期の顔とも称すべき部分で、第1期6.4m、第2期5.4mの柱のスパン割りが7.2mに拡大され、表層も15cm角の白いタイルによって、A、B、C棟と比較して、抽象性をより強く演出している。一方猿楽塚自身と極めて近接しているために、D棟の東端にカーブしたテラスを設け、形態的な調停を試みている。

一方E棟では、急激に南側に落ちこむ地形を利用して、5層のテラスハウスをつくり出している。このように一見平坦に見える敷地内にある地形の変化を利用して、様々なタイプの住居ユニットを展開している。

D棟の北面

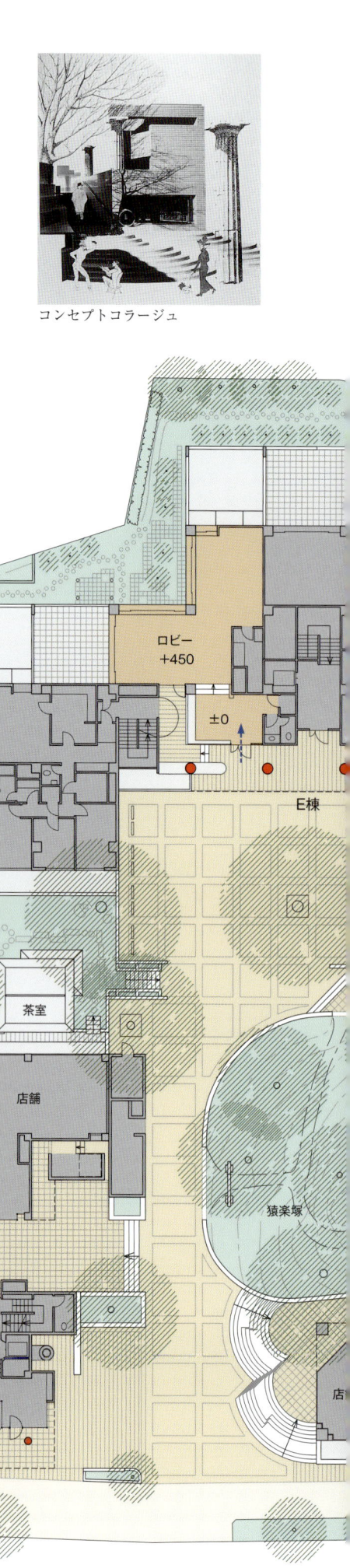

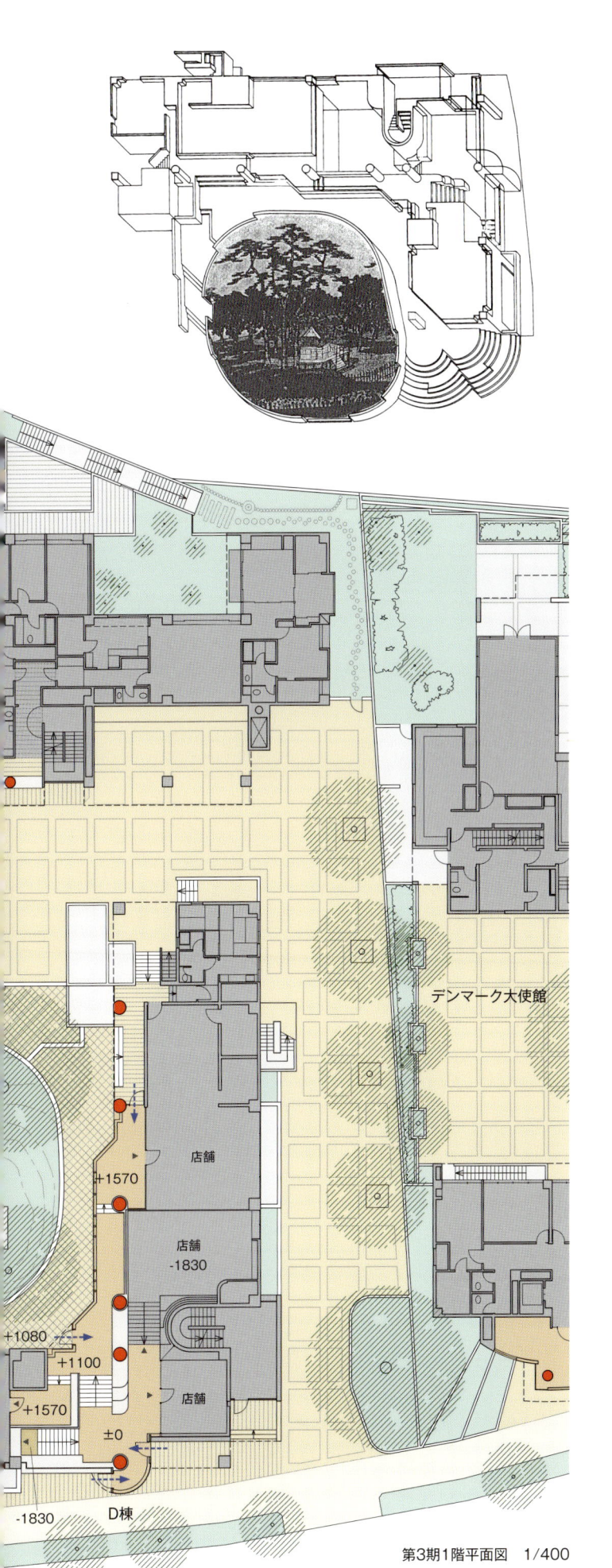

ステンレスの円環の彫刻は脇田愛次郎作

70年代はバザールが開催されていた。

野点の風景　　　茶室

第3期1階平面図　1/400

E棟の入口を望む。右が猿楽塚

73

ワンルーム型住居。バルコニーを介して猿楽塚を見る。

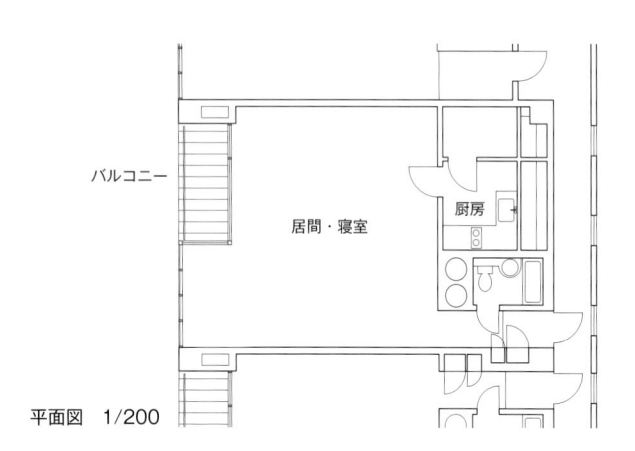

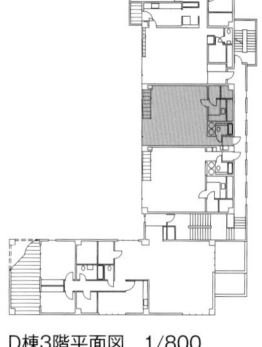

平面図　1/200

D棟3階平面図　1/800

D棟ワンルーム型住居

第3期が計画されていた1970年代の終わりになると、東京人のライフ・スタイルの変化に核家族化など様々な要因から、都内に所謂ワンルーム・マンションが出現するようになる。この第3期のD棟の東ウイングに計画された、いくつかのワンルーム型の住居ユニットはちょうど猿楽塚に面して部屋をとり、単身用の住まい、あるいは小オフィスとして使用されることを意図した。

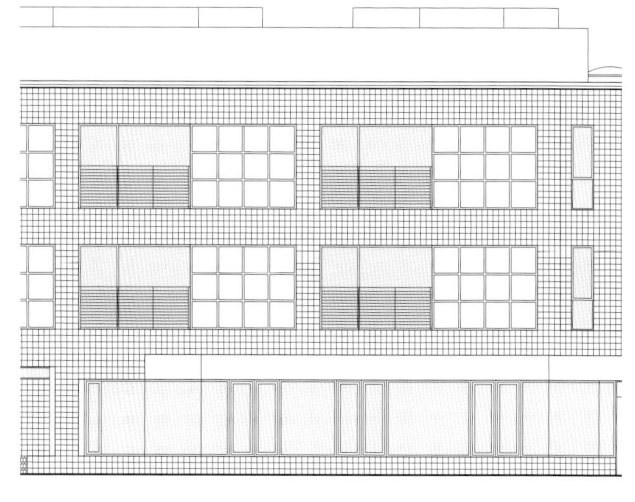

D棟住居部ファサード　1/200

E棟の南面

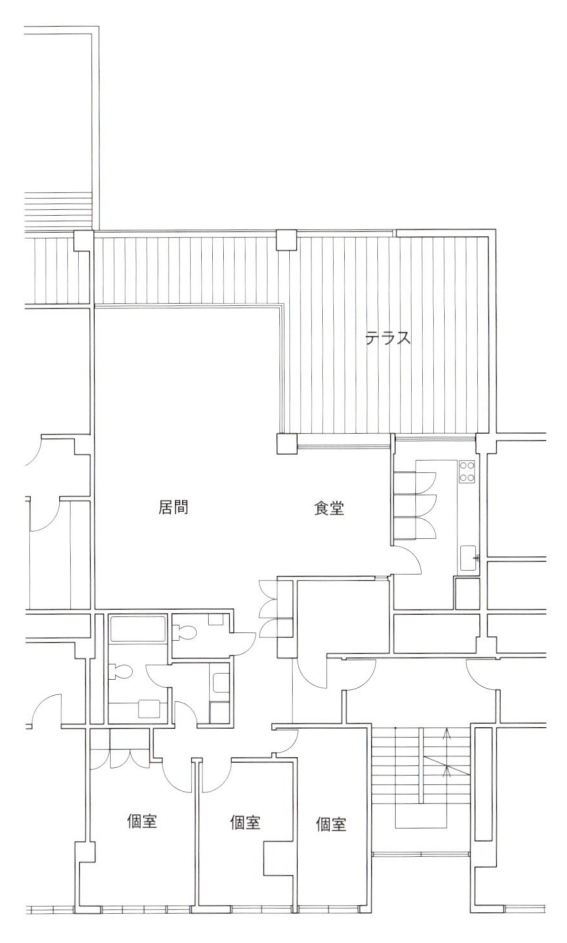

居間からテラスを見る。

E棟テラスハウス

E棟は敷地の南側が崖地になっていることを利用して5層の構成となっている。そしてその上部階は日当たりの良いテラスハウスが設けられ、彫りの深いファサードが構成されている。E棟のユニットは基本的には3ベッドルームをもった所謂3LDKが中心の4タイプである。どのユニットも玄関入口でLDKのパブリックスペースと寝室を中心としたプライヴェートの領域が分かれるようなプランニングになっている。

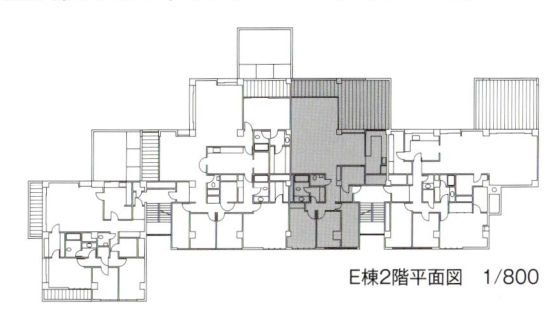

平面図　1/200

E棟2階平面図　1/800

デンマーク大使館 1979

デンマーク大使館の敷地は元々旧朝倉不動産の西端に位置し、70年の終わりに売却され79年に完成している。
本来大使館はセキュリティの面において高い壁で囲まれることが多いが、この旧山手通りの街並みの形成を考慮して、大使館事務棟全体を北面の境界として見立てることとした。そしてこの事務棟の1階の吹抜けを通じて、中庭、大使公邸、そして南側の庭園と重層した空間構成をとっている。
E棟と事務棟の境界のところに樹齢数百年という楠の大木があったため、事務棟の東北面を僅かに後退させている。
またデンマーク大使館の希望として、このコンプレックスに強いアイデンティティを与えるために、外装にサーモン・ピンクのタイルを使いヒルサイドテラスの白い外装に対して対比を強調している。

大使館事務棟は旧山手通りに面し、道路に沿って緩やかな曲面によって構成されている。

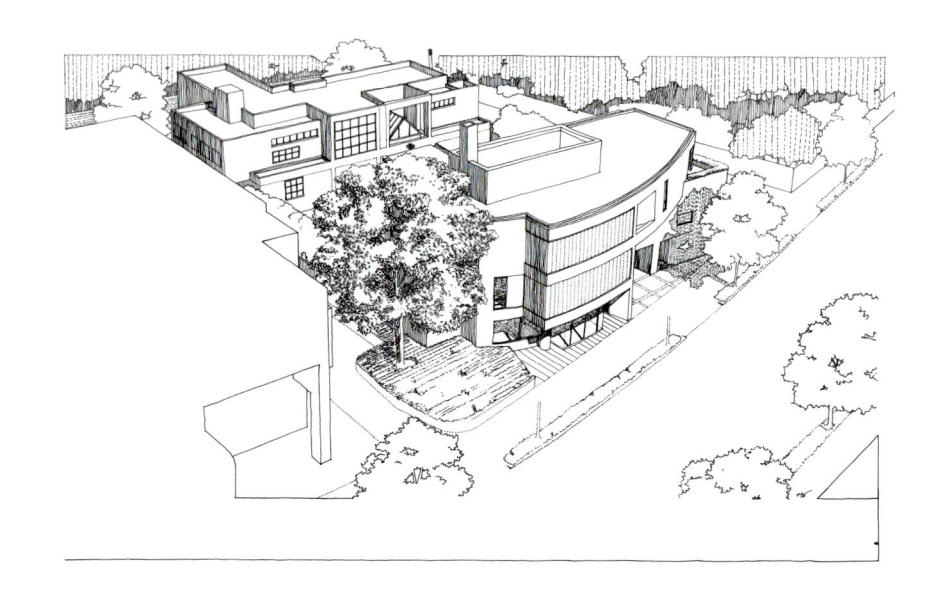

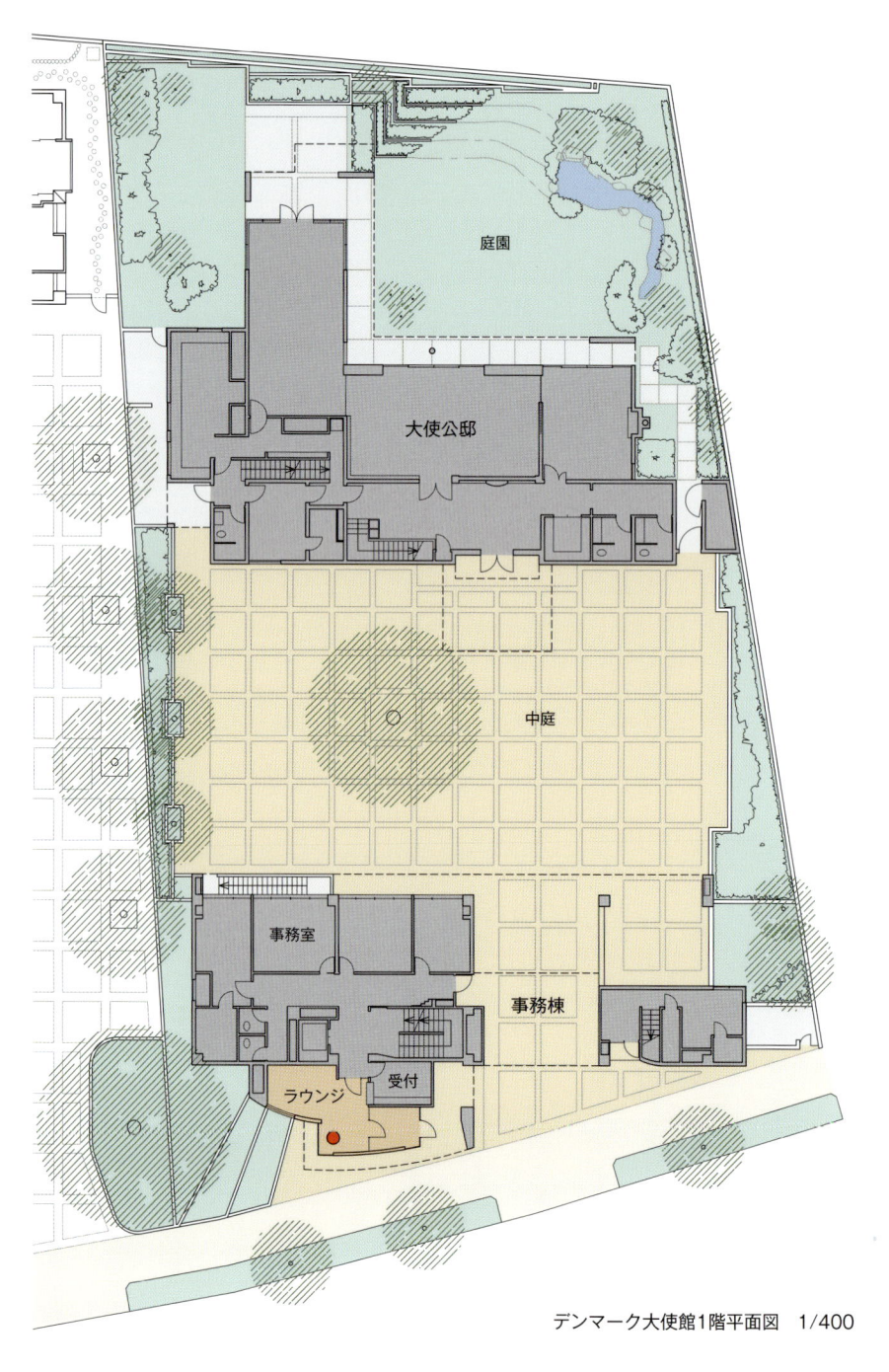

デンマーク大使館1階平面図　1/400

中庭を介して大使公邸を望む。

大使公邸の日本庭園

大使公邸のレセプションスペースと南側の庭。ここでは全く旧山手通りの騒音も聞こえず、静寂な空間が確保されている。

第4期（ヒルサイドアネックス） 1985

設計：元倉眞琴／スタジオ建築計画

規模が小さいのでなるべく単純化し、それぞれに景観上の役割を与えた。A棟は坂のカーブそのものをコンクリートの曲面で示している。またB棟のガラスブロックは坂を見上げたときのキラッとひかるアイストップとして、列柱は坂を登るリズムを刻むものとしての役割をもたせた。

当初はどちらもギャラリーとして設計された。A棟は上からの光を壁面が受ける空間として、B棟は障子のように横からの光が全体に拡散されるような空間として対照的にデザインされている。（元倉眞琴）

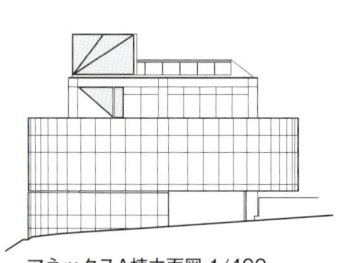

目切坂から見たアネックスのコンプレックス。手前左側にA棟、奥にB棟が見える。

アネックスA棟立面図 1/400

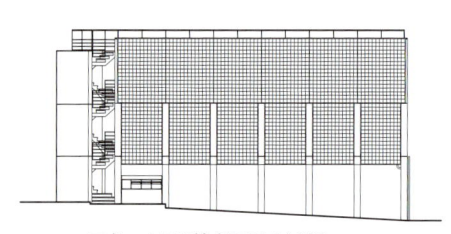

アネックスB棟立面図 1/400

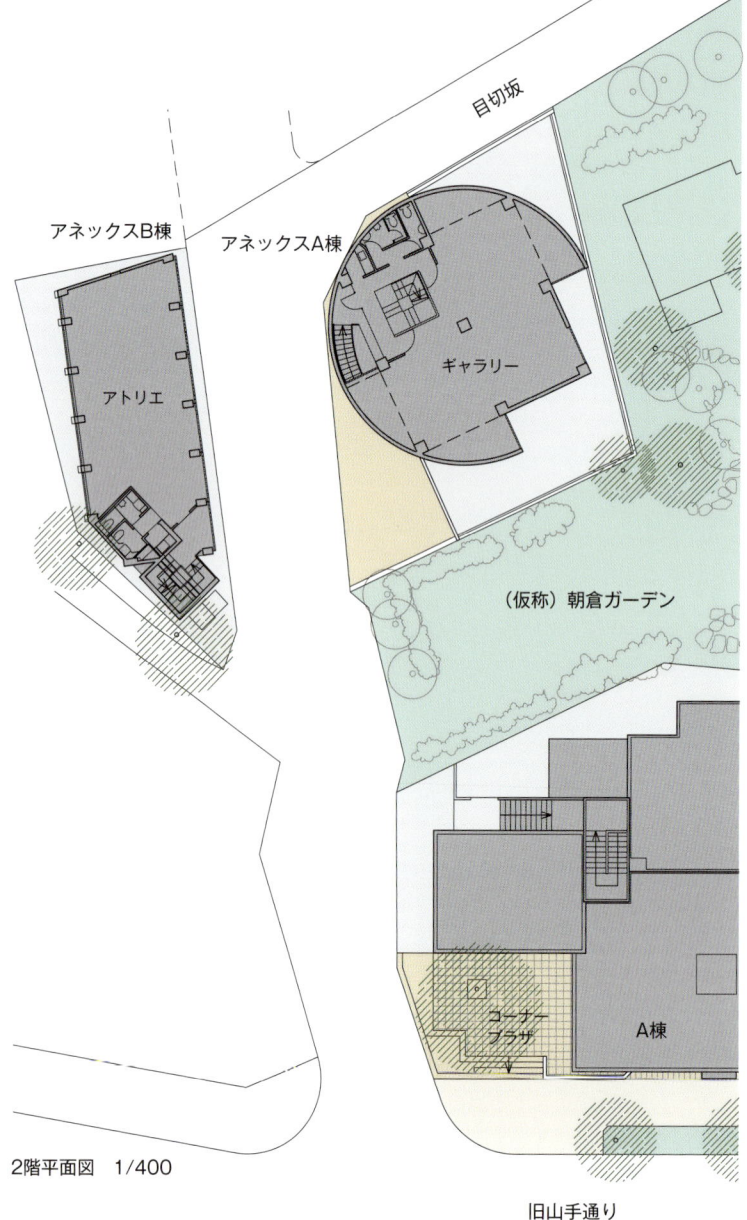

2階平面図 1/400

アネックスA棟越しに（仮称）朝倉ガーデンの森を望む。

ヒルサイドテラスA棟側からアネックスの2棟を見る。

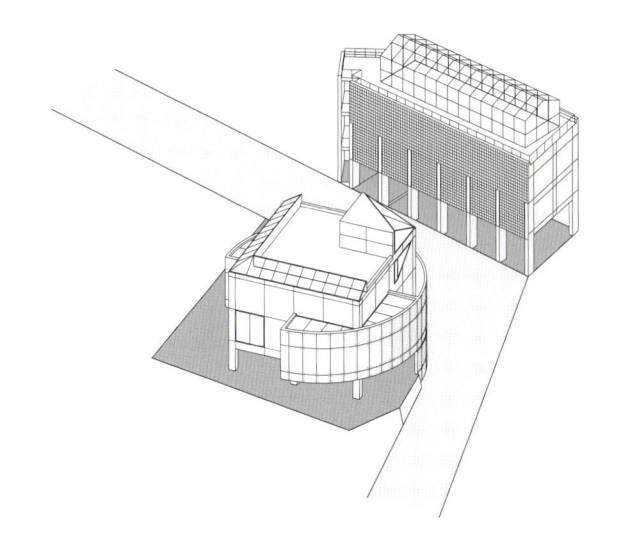

アネックスA棟のコンクリートの曲面

B棟脇のお地蔵さん。金属のモダンな庇がかけられている。

79

第5期（ヒルサイドプラザ）1987

第1期のB棟と第2期のC棟の間に残されたこの土地に何を建てるのがよいかについていくつものオプションが考えられた。そのひとつは朝倉不動産のオフィスと貸会議室群であった。しかし1970年代の終わりに第3期が完成する頃から、施主と建築家の間でヒルサイドテラスを新しい文化活動の拠点にしようという構想が強く打ち出され、その一環として地下に多目的ホール（約180人収容）をつくり、集会、展示、音楽その他のパフォーマンスに供し、地上はそのまま貸駐車場として空地として残す案が最終的には採用された。

また、近い将来旧朝倉邸は財務省から渋谷区にその管理が移管されることとなり、南側の庭園とこのプラザが何らかのかたちでリンクされる可能性も残されている。

通り越しに見た全景

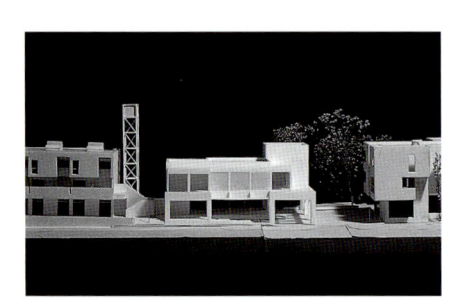

オフィスと貸会議室群の案

実現した地下ホール案

ヒルサイドプラザ前の歩道

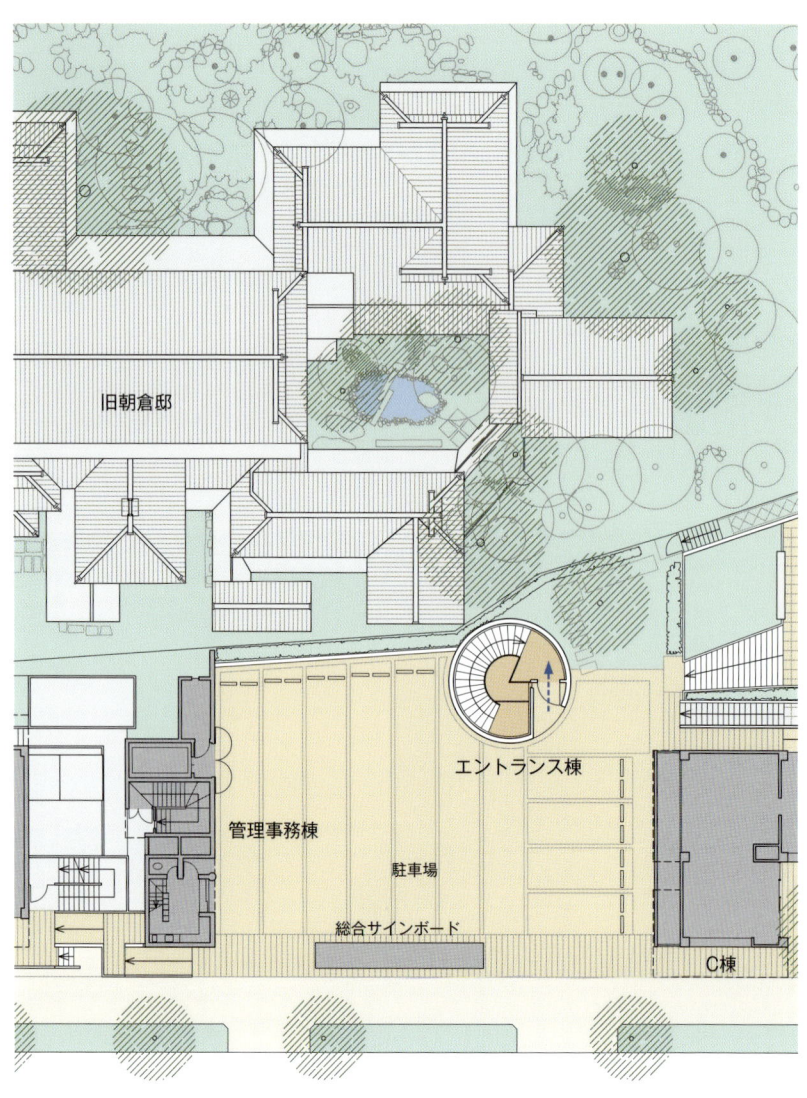

第5期1階平面図　1/400

SDレビューの風景

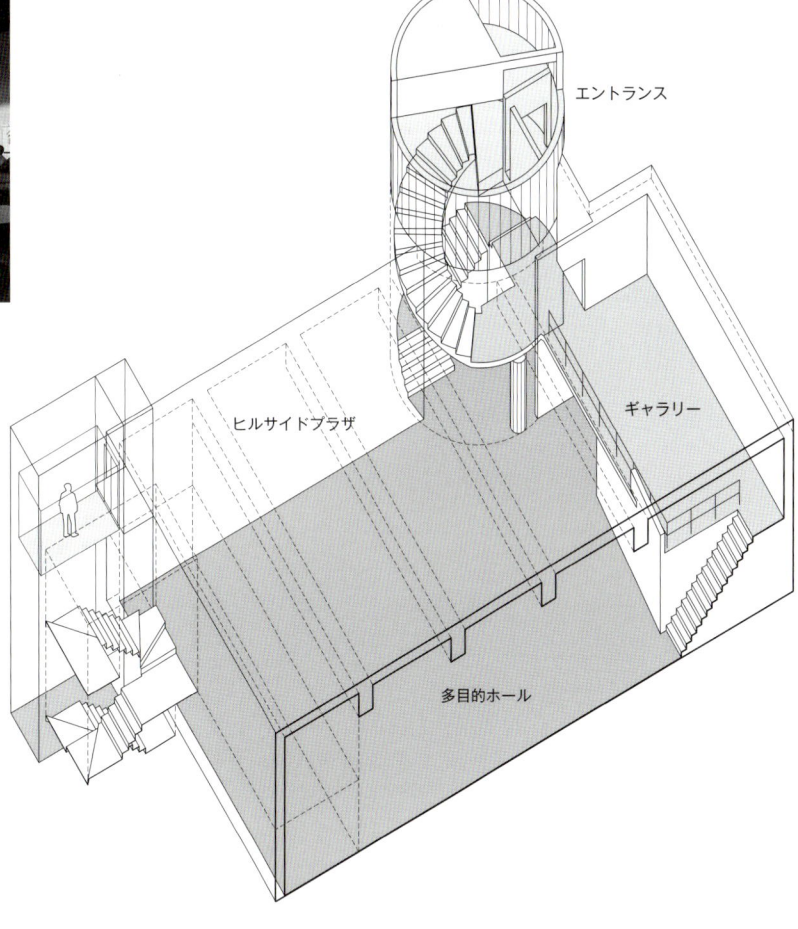

エントランス

ヒルサイドプラザ

ギャラリー

多目的ホール

地下の多目的ホール。ステージ側よりメザニンを望む。

F、G棟のアルミファサードは、このコンプレックスのアイデンティティを示している。この時期旧山手通りの野外電柱が地下に埋設された。

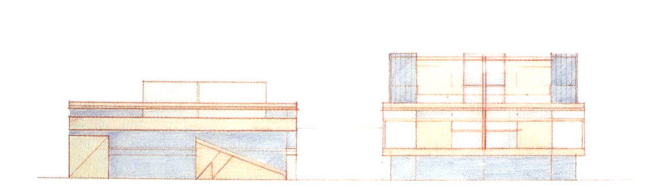

F、G棟に囲まれた、南面するプラザ

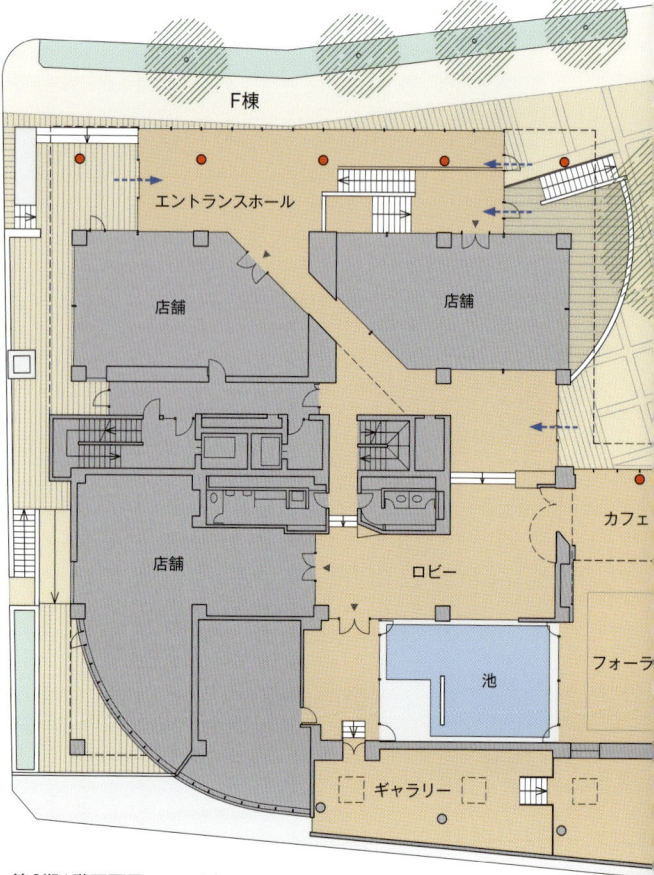

第6期1階平面図　1/400

第6期 1992

朝倉不動産は戦後、この旧山手通りの北側に所有する土地を東京都に貸与し、そこは1階建て木造の都営住居によって占められていた。長い期間の裁判の結果、この土地が元のオーナーに返還され、都営住居が撤去されたのが80年代の終わりであった。それをうけて、この第6期のコンプレックスが完成したのは第1期の計画が開始された1967年からちょうど1/4世紀たった1992年であった。

用途地域の変更、中曽根政権の頃、東京都の用途地域の変更、主としてアップ・ゾーニングが施行され、この地区も第一種住専から第二種住専となる。F、G棟が旧山手通りに面するところは約10mの軒線を維持し、4、5階の層を後退させている。また広場に面するF棟の西端のウイングは、高さを7mに押さえ、ヒルサイドテラスらしいスケール感をつくり出そうと意図している。

文化拠点形成の構想を発展させるために、展示、カフェがインテグレイトされたヒルサイドフォーラムをこのF棟の低層部に設け、ヒルサイドプラザとともに文化活動の中核となる空間を提供している。

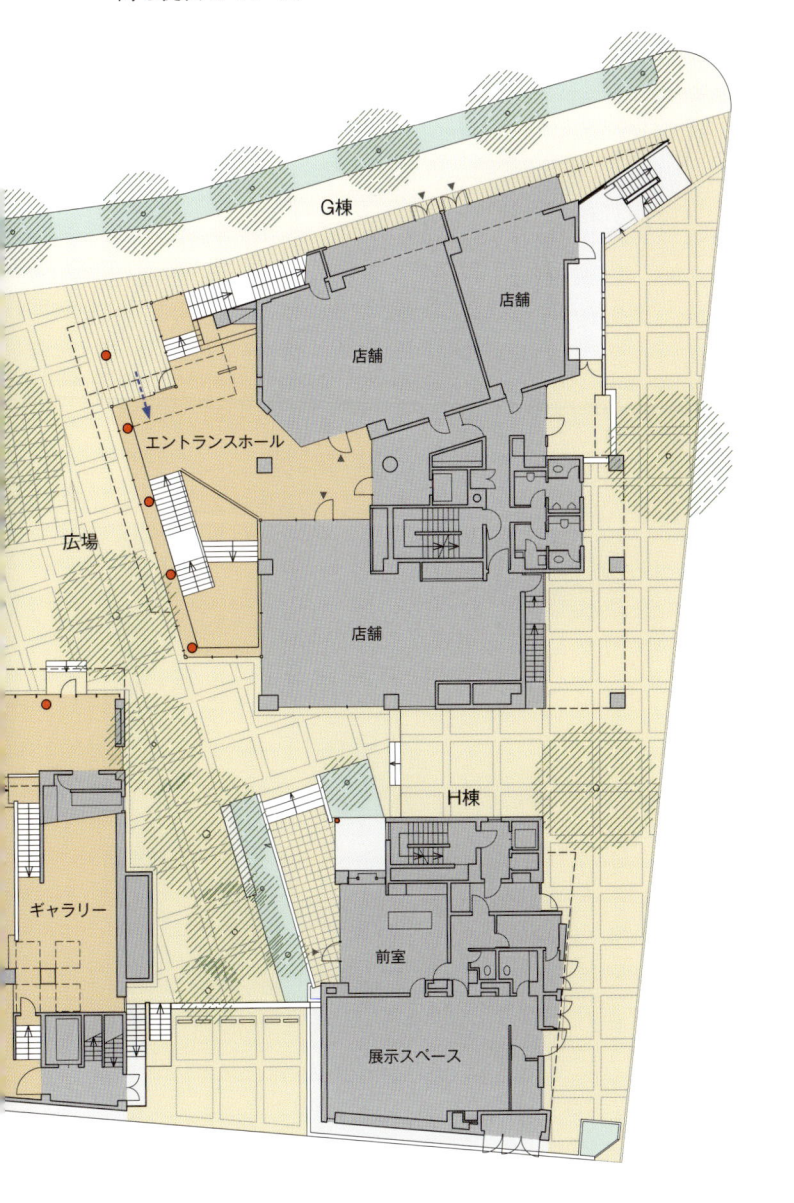

プラザの中央を欅が覆う。

G棟の2階より歩道を見下ろす。

歩道の並木とファサードのアンサンブル

ギャラリーの内部

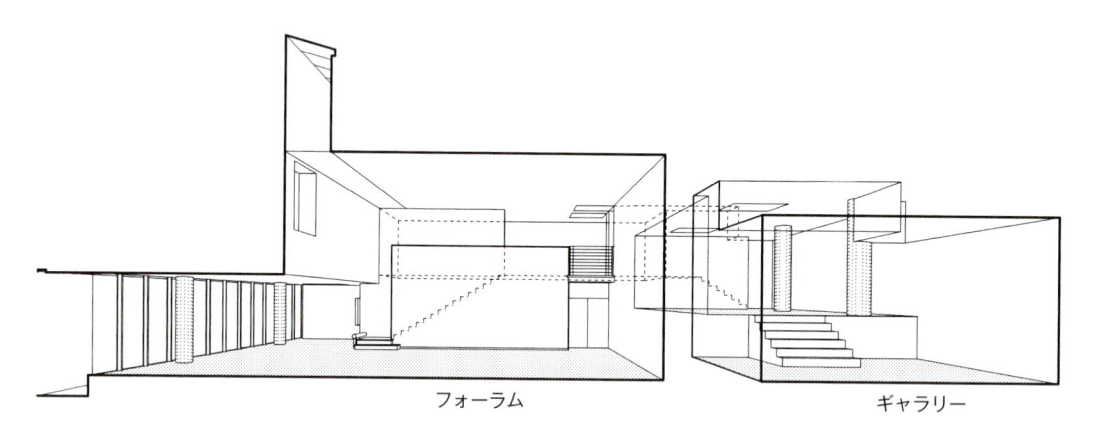

池の中央にあるモザイクレリーフは宇佐美圭司の作品

フォーラム　　　　　ギャラリー

フォーラムでの展示風景

透明な皮膜と樹々が奥性のある空間をつくり出している。

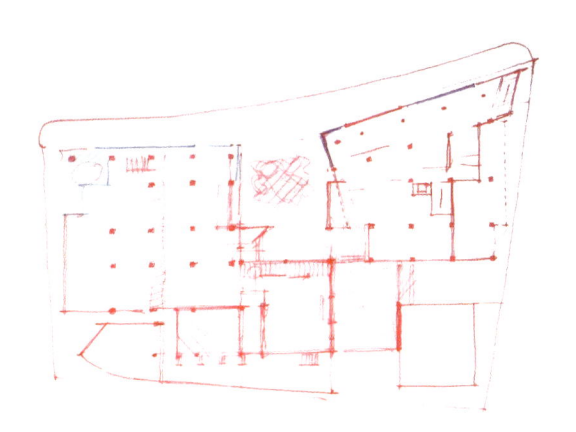

広場から奥にH棟を見る。

カフェと展示空間が融合する。

6期F棟2階テラスから第2期、第3期を望む。

F棟SOHO型

第6期のF、G棟の住居ユニットは大型化しているが、同時にこの時期、住みながら働く所謂SOHOタイプともいうべき、プランニングがいくつかのユニットを提供している。ここでは間取りは極力柔軟性のあるものとし、最小限の水回り空間をとっている。

ユニットの厨房の風景

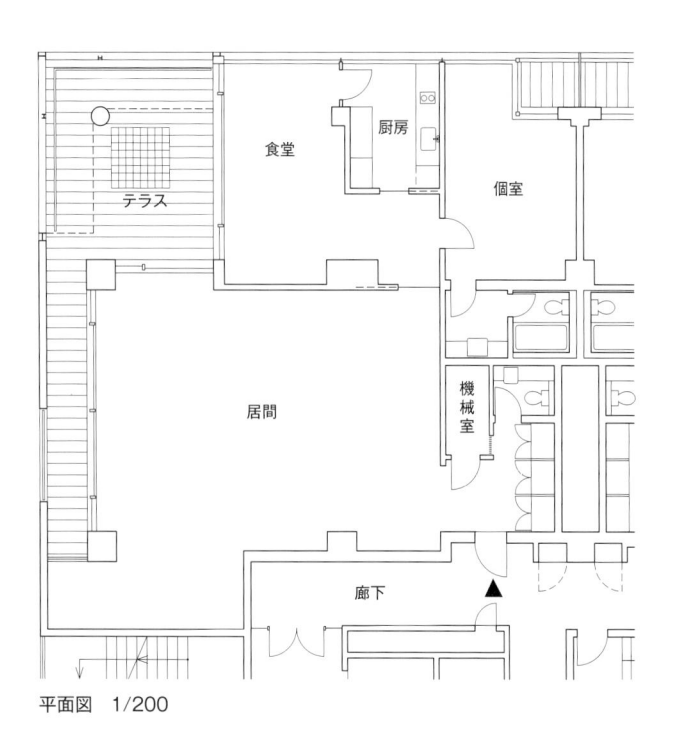

平面図 1/200

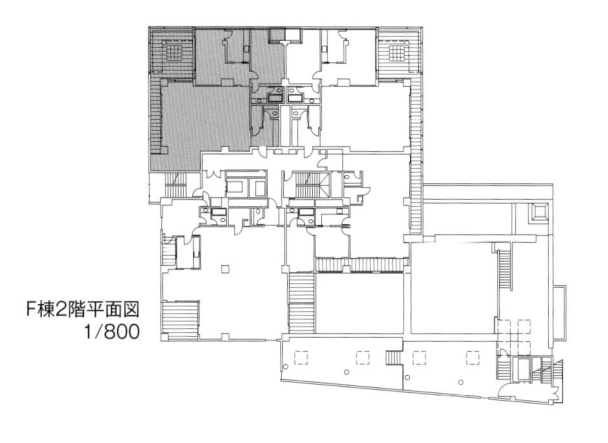

F棟2階平面図 1/800

次頁：薄暮のF棟。左奥にフォーラムの展示が見えている。

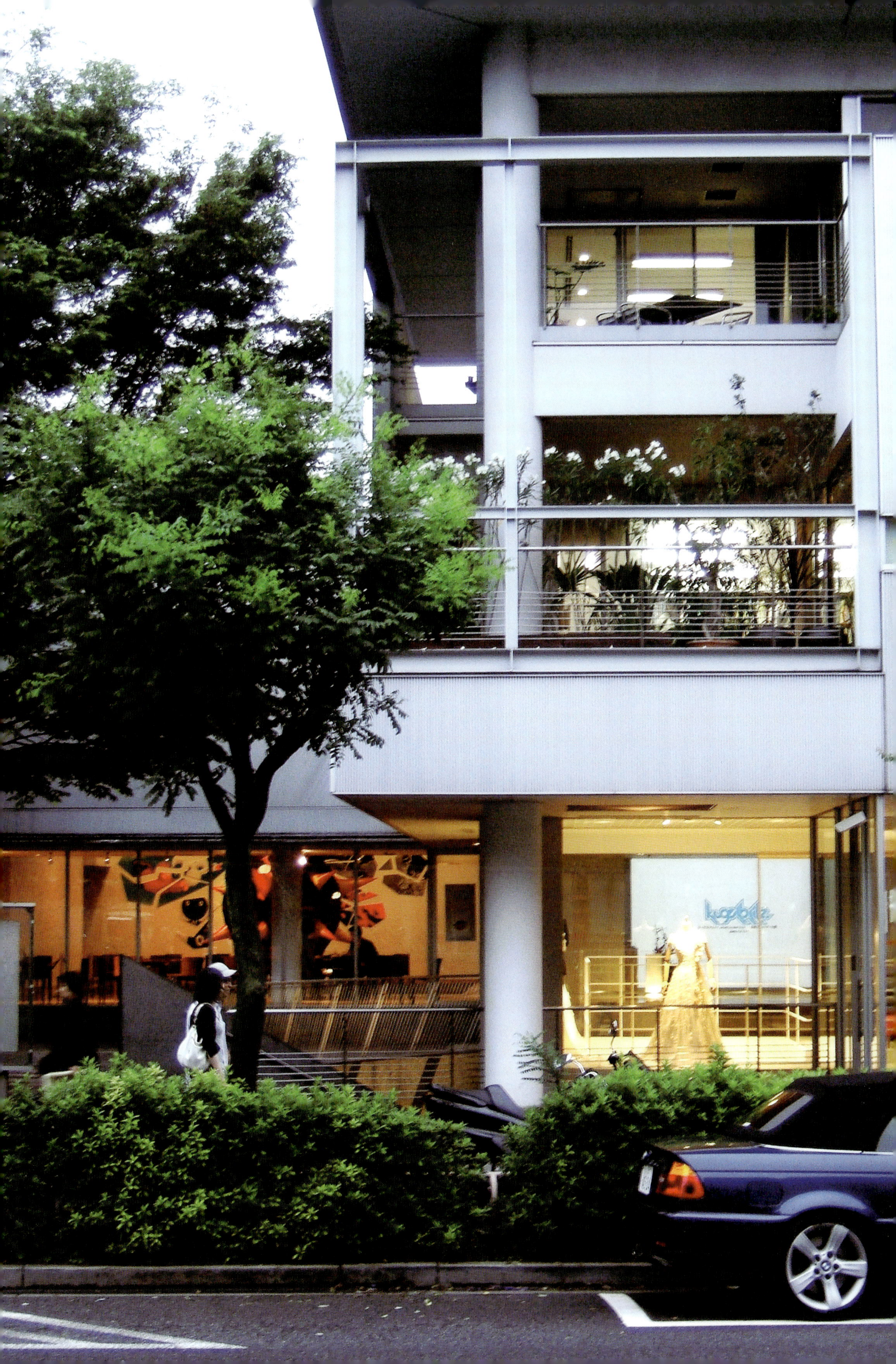

ヒルサイドウエスト 1998

ヒルサイドウエストのサイトは旧山手通りをヒルサイドテラスから約500m西に向かったところに位置している。この敷地の北側の鉢山町の住宅地に接続してあったもの(B敷地)に、旧山手通りに面する敷地(A敷地)を統合したものである。

このプロジェクトの骨格をなすものは旧山手通りと北側の道路をつなげるパッサージュを設け、その周縁に3つの棟からなるコンプレックスをつくることからできている。このパッサージュは早朝から夜遅くまでパブリックに開放されている。そしてかつての露路空間ともいうべきパッサージュに面して、シガー店、デリ、貸しスペース等が接し、静かな、子供の遊び場にも適した場所となっている。そして3つの異なった表層をもった建物がひとつの群を形成している。

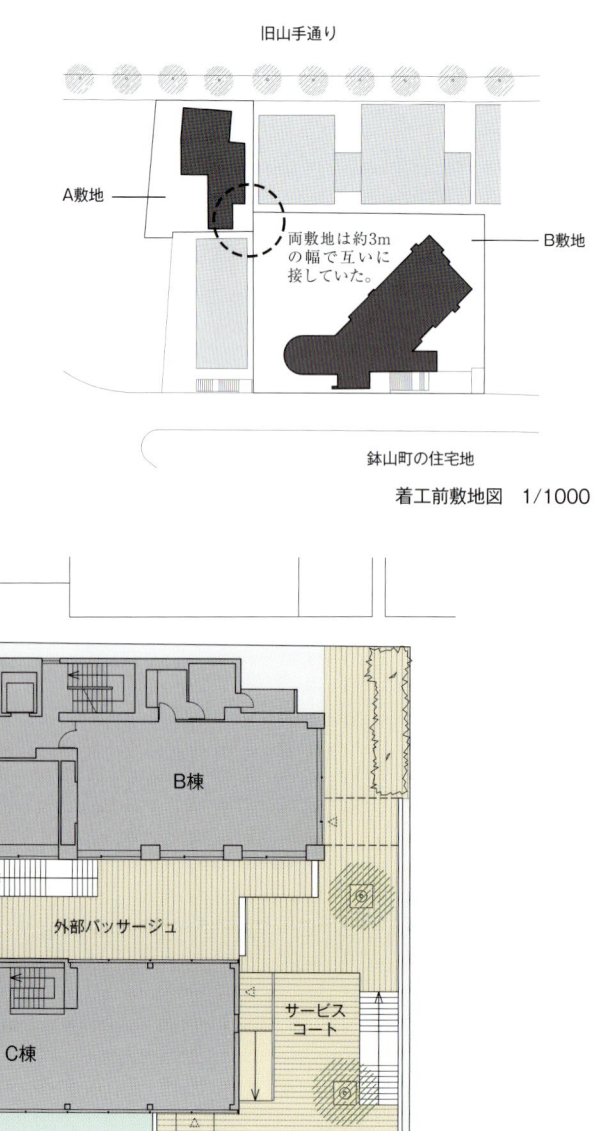

A棟のファサード

着工前敷地図　1/1000

ヒルサイドウエスト1階平面図　1/400

アルミスクリーンには様々な樹木の影が写し出される。

アルミスクリーンのディテール

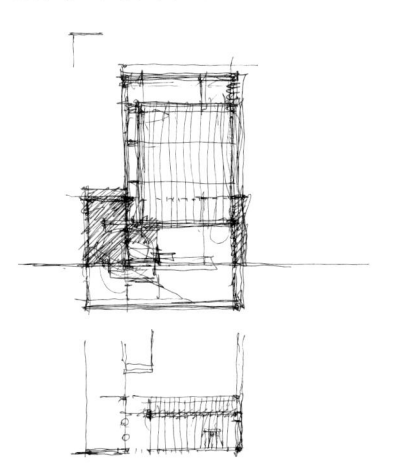

A棟のエントランス

A棟とB棟の繋ぎのパッサージュが囲み込む小さなオープンスペース

中庭からC棟を望む。

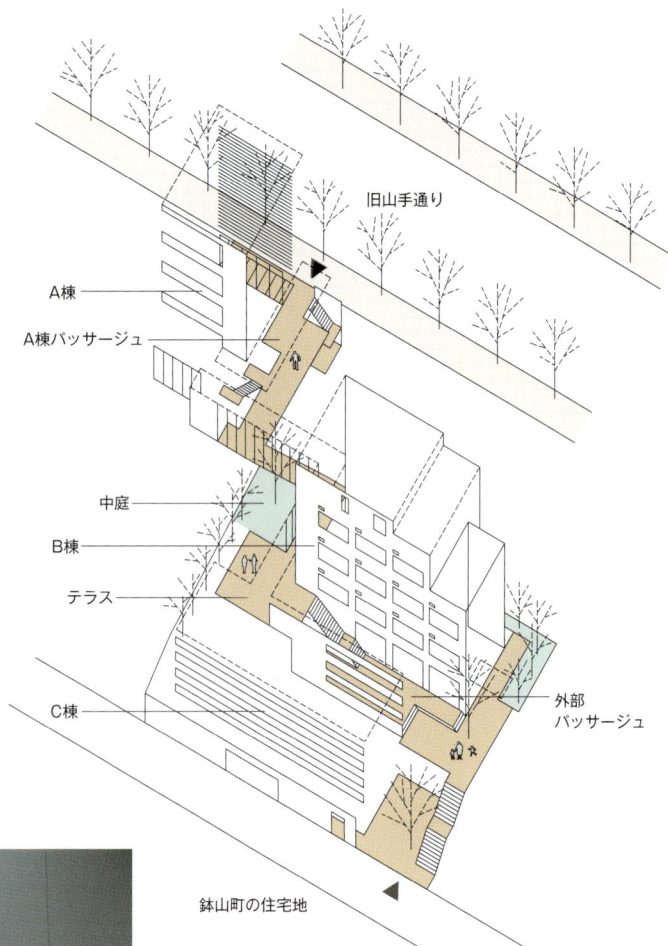

A棟のパッサージュの導入部分はギャラリーとしても利用できる。

旧山手通り
A棟
A棟パッサージュ
中庭
B棟
テラス
C棟
外部パッサージュ
鉢山町の住宅地

B、C棟に囲まれた外部パッサージュ

外部パッサージュを見上げる。

B、C棟の外観。鉢山町住宅地からのアプローチ

リビング側から暖炉と壁を見る。中段のスリットから玄関が見える。壁のまわりは一周できる。暖炉は天然スレートと砂岩の模様張りによってボリューム感を抑えた。天井に見えるのはトップライト、夜間は間接照明で照らされる。

5階テラス

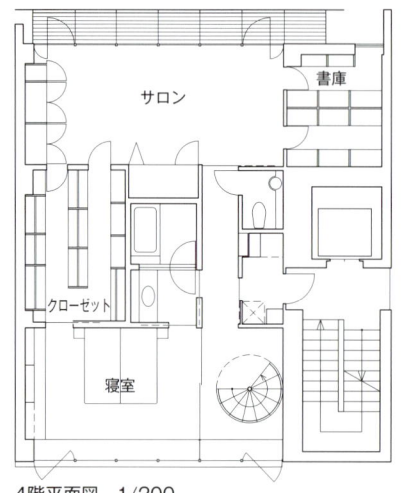

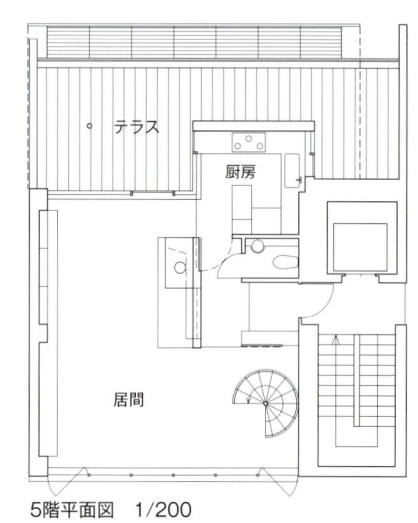

ヒルサイドウエストA棟ペントハウス

設計：杉千春＋高橋真奈美／プラネットワークス

クライアントの1世帯の住宅として、事務所棟の最上階に計画されたメゾネット住戸。上階にはキッチン・ダイニング・リビングルームを配し、中心部に配置した暖炉と壁を手掛かりに、各ゾーンが連続しつつ領域感をもつ。建具を引き出すことにより玄関、キッチンは完全に独立する。下階は南側北側それぞれにサロンと寝室をもうけ、中間部分にはクロゼットと水回りを納めている。1スパンの間口、矩形の平面という単純なスケルトンの良さを活かし空間に広がりが感じられるように計画している。(杉千春＋高橋真奈美)

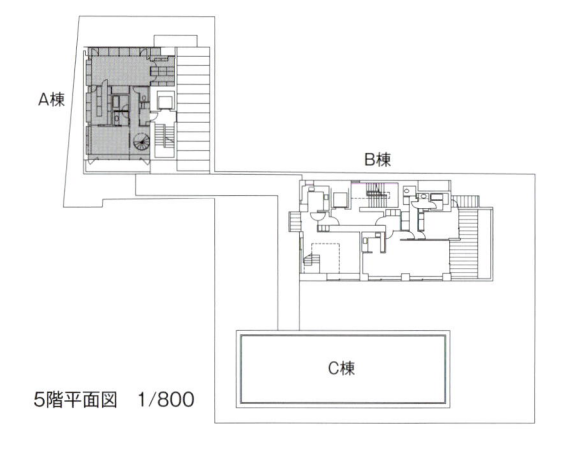

4階平面図　1/200

5階平面図　1/200

5階平面図　1/800

対談：
街並みとしてのヒルサイドテラス＋ウエストの解読
門内輝行×槇 文彦

結節のタイプ

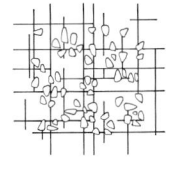

調停：
中間に介在する要素によって結合すること、あるいは媒体を暗示すること（構成されたオープン・スペースを含む）

反復：
それぞれの要素に共通の特徴を与えることによって、同じ秩序の一部であると認識させる。

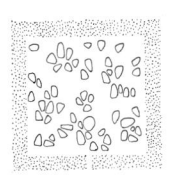

定義：
個々の構造体を障壁によって囲むこと。障壁内部に統一感をもたらし、外部から切り離す。

シークエンシャルなパスをつくる：
さまざまな活動を、互いに空間的な関係が生じるように設定する。

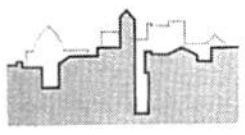

Figure Ground 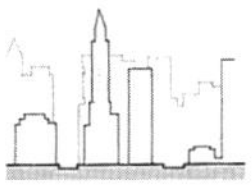　　Figure Street 　　Figure Nature

門内 この間、槇さんにいろいろお話を伺いながら、ヒルサイドテラス（ウエストも含む）を案内していただき、その環境が持っている豊かな意味の厚みを実感することができました。ヒルサイドテラスには、身体を包み込んでくれるようなトータルなたたずまいや雰囲気があって、それは伝統的な街並みで感じるクオリティに大変よく似ていると思いました。

これまで私は街並み記号論の研究を展開してきましたが、実は現代の街並みを分析したことはありませんでした。と言うのは、現代の街並みには、伝統的な街並みで感じる独特のクオリティが感じられなかったからですが、ヒルサイドテラスには、全体的な意味を発見することができ、しかもそれが意図的につくり出されてきたことに強い印象を受けました。

こうした街並みとしてのクオリティは、ヒルサイドテラスのデザインにおいて、たえず都市の風景とかアーバンデザインというものを強く意識してこられた結果得られたものだと推測するのですが、実際には、槇さんは、最初にどういうふうに発想されたのかをお伺いしたいと思います。

ヒルサイドテラスの発想の原点

槇 ヒルサイドテラスの仕事を始めたのは、アメリカから帰ってきて2年ぐらいしてからのことで、1967年頃だったと思います。僕は1965年まで、アメリカにいる時間が多かった。ワシントン大学、それからハーバード大学で建築と同時にアーバンデザインを数年教えていました。当然、1967年の前の近過去の数年間における経験とか、その頃やりたかったことというのは、ヒルサイドテラスのデザインに強い影響を与えたと思います。

また、僕は1958年から60年までの2年間は、グラハム基金フェローシップのお陰で、主として東南アジア、中近東、アフリカの北部を含むヨーロッパを旅行しました。もともと僕は集合体に興味を持っていて、64年にワシントン大学

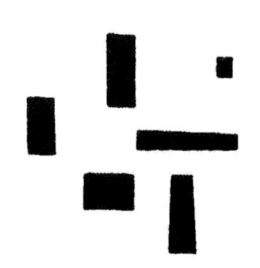

集合体へのアプローチ
左から右へ、構成的形態（compositional form）、メガフォーム（megaform）、群造形（group form）。

ヒルサイドテラス第1期全景。豊かな緑を背景にヒューマンスケールに分割された白いマッスの群造形が浮かび上がる。

から『集合体の研究』（Investigations in Collective Form）という英語の小冊子を出しています。そこでは、実際にいろいろな地域を旅行した時に目撃した風景が、その地域の文化性によって、差異性や類似性を生み出していることを発見しました。

それ以前にも、まだハーバード大学の学生だった頃に、都市社会学のコースをだいぶ取りまして、ヒューマンビヘイビアと場所あるいは空間の相互関係についてかなり勉強しました。そういうバックグラウンドがあって、「風景の構築」ということの背後にある「どういう空間がどのような人々の行動を生み出すか」という問題に関心を抱いていました。空間と行動の間には、明確な因果関係がないとしても、確率的にそういうことが起きる可能性が高いという関係は必ずあるはずです。

ヒルサイドテラスのデザインの背景には、以上のように、自分なりの世界がつくられていった経緯があると思います[*1]。

ヒルサイドテラスの第1期の段階では、いずれ続けてやっていく可能性はあるかもしれないけれど、全体を実施するというビジョンがあったわけではありません。ただ、第1期におけるA棟のコーナーの部分は、当時は今に比べれば静かな場所だったんですが、それなりの都市のポテンシャルを持った部分だということは気がついていました。したがって、今お話してきたようなある種の都市の風景をつくり出すこと、そして、そこに様々な人間の活動がどんなふうにまつわってくるのかということを考えながら、デザインを始めていったということではなかったかと思います。

繰り返し利用される建築言語

門内 ヒルサイドテラスには、人間の活動を含む、意味や機能から形態を柔軟に構想していくという、いい意味での機能主義が息づいていると思います。あの空間を歩いて強く感じられるのは、確かに人々のアクティビティが非常に魅力的で、それが風景を生き生きとしたものにしていることです。

それを実現するために槇さんは、既存の建築言語の組み立てを一度解体してしまい、単語のレベルまで遡ることによって、様々なエレメントをモダニズムの言語によって新たに考案し、それらを組み合わせて風景を創造していくという、すぐれて記号論的なプロセスを展開されたのではないかと私は考えています。全体のデザインを構想すると同時に、建築言語を構成するエレメントそのものを状況に応じて一つひとつつくり出し、それらを30年以上にわたって累積してきた厚みが、ヒルサイドテラスの風景を魅力的なものにしていると思います[*2]。

ヒルサイドテラスでは、アーバンデザインの視点から単体としての建築デザインの意味を問い直し、都市風景を構築していくための新しい建築言語を創造していくプロセスが展開されている。30年以上かけてヒルサイドテラスに蓄積されてきた建築言語の語彙や文法には*1〜*14のようなものがある（門内）。

[*1]
建物と道との間には、コーナープラザ、ロビー、エントランスホール、サンクンガーデン、囲み型の中庭、パッサージュなど、多様な媒体空間としての「パブリックスペース」が確保されていて、都市性の獲得に大きく貢献している。散歩や会話を楽しめるパブリックスペースの存在は、都市のクォリティのレベルを決定する有効な指標となる。
第1期の道沿いにつくられたペデストリアンデッキにはあまり人が入ってこなかったため、第2期では街路から引き込んだ中庭をつくり、囲み型の店舗とし、賑わいを演出することに成功している。こうした現象が都市空間の意味論的構造、すなわち集団の記憶の図式と不可分のものであることに気づいた槇は、微妙な空間の重なりや奥行き、目に見えない境界といった日本の都市空間の特質を取り入れ始めたのである。

[*2]
建築言語を抽出する手がかりとなるのは、都市風景における反復可能性である。繰り返し利用される建築言語は、都市風景に連続性を与えるが、同時にその場の状況に合わせた変形が施されることもあり、それが個性を表現する役割を担う。

ここで具体的なエレメントの話からお伺いしていくことにします。伝統的な街並みを調査をしていて気づいたことは、類似した要素が反復することであり、しかもそれらは決して同じではなくて、少しずつ差異を持ちながら現れてくることです。こうした現象は、現代都市を見慣れた人間からすれば驚くべきことです。今回、ヒルサイドテラスでも、そういう反復しつつ変化していく要素をいくつも発見しました。その一つに、「隅入り」というボキャブラリーがあると思います。これは、槇さんにお話いただくまで、私は全然気がつきませんでした。

[隅入り]

槇 街に建っている建物では、中央に入口があって入っていくというのは、少し構えた建物であれば、ヨーロッパのようにあれだけ街並みと建築との関係が歴史的に展開されてきたところであっても、かなり普遍的なあり方でした。

ところが、日本の屋敷の入り方を見ると、決して正面からではなくて隅から入っていきます。それにはいろいろな歴史的背景があるわけですが、僕の場合には、第1期においてコーナーにプラザをつくりたいということで「隅入り*3」が実現しました。同時に、近代建築が過去の建築と違う大きな特徴の一つに「透明性」があるのですが、この透明性という視点から考えると、隅入りが新しい意味を持ってくることに注目する必要があります。なぜならば、隅から入る時に横にガラス面があると、自分がいる道路の風景を視野に納めながら入っていくという新しい関係がつくられるからです。

建物の真ん中から入る時には、自分がいた場所に一度背を向けることになり、内と外との結界を越えていくという経験にある断絶が起きますが、隅入りの場合には、自分が動いて行く方向にある風景の余韻を楽しみながら入って行くことができるわけです。

このことについては、最初はそれほど気がついていたわけではありませんが、その後意図的に隅入りを採用していくことになりました。第1期について言えば、コーナーから入って道路沿いに上がり、出る時にも隅入りにする。第2期では、コーナーからは入っていませんが、中庭に斜めに入って行くようにして、斜め性を強調し、西側ではコーナーから入って行く。こうして、隅入りは比較的反復利用されていくことになります。第6期の二つの建物もそれぞれ隅入りを強調していますが、そこにキャンティレバーや柱などのよく目立つ建築的要素を出現させて、記号的にもある印象を与える要素になっています。

A棟のコーナープラザ

*3
ヒルサイドテラスの建物への入口は、基本的に「隅入り」となっている。第1期のA棟にコーナープラザをつくったことから隅入りが実現し、その後、意図的に隅入りが採用されていくことになったものである。第2期ではプラザに斜めに入っていくし、第3期のD棟では入口は中央にあるが、円筒形のエントランスをつくり、隅入りとして扱っている。

海野(長野県)の街並み。2階両端に見える屋根付きの袖壁が「卯建(うだつ)」である。「うだつがあがる」という言い回しの語源でもある。養蚕業で潤った経済的繁栄を象徴する記号であり、繰り返し現れ、街並みに心地よいリズムを刻み込む。

門内 伝統的な街並みの場合、入口は実にセンシティブに取り扱われています。例えば、海野（長野県）の街並みでは、住居の入口は、原則として街はずれにある白鳥神社の側にあります。入口の位置を揃える街並みはいくつもあって、そこから神社やお寺の存在を予測することもできるほどです。それに対して、モダンな建物では入口は単に出入りできる機能を持つものとして扱われることが多いのですが、ヒルサイドテラスでは入口の意味づけに十分な配慮がなされているわけです。

[円柱]

門内 それから、「円柱」というエレメントが街並みのいろいろな場所に様々な形でちりばめられていることも印象に残っています。特に、入口の部分に必ず円柱が使われていますが、こうした円柱のデザインについてお話いただければと思います。

槇 円柱には、構造的な機能の他に、視覚的にそこに完結した独立性を与える働きがあります。そこで、「柱に独立性を認めたい場合には円柱を使う」ことを、もう一つの緩い規範としたわけです。入口のところの独立柱は特別な意味を持っていますので、円柱、それも白い円柱をずうっと使ってきました。実は第3期の入口は、コーナー部分を店舗にするというプランニング上の要請があって、隅入りではなく、真ん中から入るようになっていますが、ファサードから飛び出した円筒形の入口を円柱に絡めてつくっていますので、視線を受け止めるものとしては、かなり効果があるのではないかと考えています。

また、第6期の西側の棟の入口には、2階分の高さの庇に対応して、2層分の高さの円柱が配されていて、この場所の特異性を強調するのに役立っていると思います*4。

[スケール] ▶ p.62 図1参照

門内 ここで、建築的要素の実質に関わる「スケール」の問題を取りあげてみたいと思います。ヒルサイドテラスでは、第6期になると、高さや容積率が緩和され、建物のマッスが大きくなっていますが、建物の庇の高さを第1期、第2期の頃の建物の高さに揃えることによって、歩道を歩く人々にマッスの大きさを感じさせない工夫がなされていますね。

槇 第1期には一つのマッスで考えることも不可能ではなかったのですが、当時からできるだけ地形の変化を拾っていこうという態度がありました。こ

第3期D棟の円筒形の入口

G棟入口の白い円柱

*4
「円柱」もヒルサイドテラスには頻繁に使用されている。円柱には、構造的な機能の他に、視覚的にそこに完結した独立性を与える働きがある。入口のところの独立柱は特別な意味を持つので、白い円柱が使われている。第6期のG棟の入口には、2層分の高さの円柱が配されていて、この場所の特異性を強調するのに役立っている。

れは、後年、東京の街並みや都市構造を研究した時に明らかにした「微地形」に対してできるだけセンシィティブに対応しようという伝統と重なりあってくるものです。第1期のA棟、B棟は、そうした微地形の差を取り入れながら、二つのマッスに分けて、その間を下りて行くとサンクンガーデンが見えてくるというやり方をしているわけで、そういった考え方はその後のヒルサイドテラスの集合体に適応されていきます。ヒルサイドテラスでは、よかったことと悪かったことを反省しながら、次の段階で必要な修正を加えていくというオペレーションがあったわけです*5。

少なくとも第3期、さらにデンマーク大使館までは、ここは第1種住居専用地域であり、10mの高さ制限と150%の容積率に支配された集合体だったんです。ところが、第6期の段階では、ゾーニングが改正されて第2種住居専用地域となり、10mの高さ制限が撤廃されて、高さは道路北側斜線によって決定され、容積率も200%まで上がりました。

したがって、第6期の場合には、これまでの街並みのスケール感が普通のやり方では損われていく可能性が高くなりますから、どうすればこれまでのスケール感に近いものをつくることができるか、という新しい課題が与えられました。

ここで、我々が使った手法は、まずマッスをできるだけ分節化するということで、実際には三つのマッスに分けました。一番奥に、住居とスタジオを一つのマッスとして分離する。それから、いろいろスタディをした結果、真ん中に広場をとって二つのマッスを対峙させ、広場の後ろにあるマッスを低く抑えることによって、広場のスケール感がこれまでのヒルサイドテラスの外部空間と同じようなものになるわけですね。

それから、軒線の問題ですが、10mという線をきちんと意識しようということで、4階以上のマッスはセットバックする形で処理しました。非常に面白いと思ったのは、4、5階のマッスをほんの数mセットバックするだけで、下を歩く時にはほとんど視界からは消えてしまうということです。下の歩道を歩いている人は、これまでの10mの建物群と同じような感覚で歩くことができるわけですね*6。

僕たちは、はじめからこの地域は、渋谷とか原宿のように大量の人間が来る場所ではなく、散歩する人、あるいは数人とか10人の単位でやってくる人たちにとって、ちょうどつり合った感じの外部空間をつくるべきだという前提に立っています。外部空間のスケール感はこうした考えから出てきています。

*5
集合体としてのヒルサイドテラスは、「微地形」の変化にセンシティブに対応するように組織されている。例えば、第1期では、マッスをA棟、B棟の二つに分けて、地形の変化にしたがって、その間を下りて行くとサンクンガーデンが見えてくる。また、A棟では外と内で階段を同じようにとり、内部でも地形の変化が感じられるようになっている。また、デンマーク大使館と第6期のF・G棟では、壁面を湾曲させたり、街路の軸線を建物に貫通させることにより、前面道路が緩やかにカーブしていることに対応している。こうした微地形をデザインに生かしていく方法も、日本人が古来大切にしてきたものである。

第6期F・G棟

*6
ヒルサイドテラスでは、建物のマッスを分割し、「スケール」を維持していく原則が貫かれている。第3期、さらにデンマーク大使館までは、ここは第1種住居専用地域であり、10mの高さ制限と150%の容積率に支配された集合体であったが、第6期の段階では第2種住居専用地域となり、10mの高さ制限は撤廃され、容積率も200%に上昇した。そこで第6期では、高さや容積の増大がもたらすアンバランスを避けるために、マッスを三つに分けると共に、10mの高さに庇線を通し、4階以上のマッスをセットバックさせて、これまでのヒルサイドテラスのスケール感を維持している。この庇線の効果で、下の歩道では10mの建築群と同じような感覚で歩くことができる。

[樹木]

槇 ヒルサイドテラス全体でもう一つ大事だったのは、樹木の存在なんですね。樹木によって差異を調停していこうという手法はかなり意識的に使っています。例えば、現存するものとしては、大きな社を囲む猿楽塚が周辺の建物を視覚的に調停する上で大きな役割を果たしています。樹齢400〜500年の樫の木はヒルサイドテラスとデンマーク大使館の間を調停している。それから、第6期の広場の木は植樹したものですが、それを取り囲む三つの建物に対して、それらの間に生まれる対立的な関係を緩和する役割を果たしています。

僕たちにとって一番印象的だったのは、第1期のコーナープラザを建てた時に植えた欅が25年後には大きな傘になって、そこに三次元的な空間をつくってくれていることです。そこでは日本の街の中にずっと息づいてきた樹木の存在を大事にしようという伝統的な手法が使われているわけですが、こうして樹木をうまく活用して独特の外部空間のスケール感や様相を演出しようという試みがずっと行われてきたのだろうと思います。

門内 ヒルサイドテラスの背後の樹木も効果的ですね*7。

槇 ヒルサイドテラスのオーナーである朝倉家は、背後の土地も自分で持っておられた地主でしたが、太平洋戦争が終わった時に財産税として部分的に供出しなければならない事情があって、その土地を手放されたわけです。幸いそれを政府機関が持っているため、今も古い時と同じ状態で残っていて、緑濃い背景を形成しているという非常に珍しいケースだと思います。

(p.35-37で詳しく述べられているように、2005年にこの住居と庭園は重要文化財として保存され、渋谷区が管理することになった。したがってこの緑は今後とも保存されることになった―槇注)

視線のあり方

門内 伝統的な街並みを調べていて気づいたことは、視線がすごく大事だということです。例えば、町家の1階部分は目と近すぎて模様になってしまい、あまり象徴性を持たない。2階になるとちょっと距離があって象徴性を持つんですね。見ている人の視点との距離はそのエレメントの記号性にとって非常に重要な要素であり、距離によって、同じものが図像記号（icon）になったり、象徴記号（symbol）になったりするのです。

このように考えると、人間の視線が記号を育てると言うこともできるわけですね。そういう意味で、ヒルサイドテラスで人間の視線についていろいろスタディされていることは、大変興味深いことだと考えています。

槇 視線の関係、モダニズム建築の持っている透明性、樹木の存在、それらは

第6期の広場

*7
「樹木」によって差異を調停していく手法もかなり意識的に使われている。例えば、大きな社を囲む猿楽塚が周辺の建物を視覚的に調停する上で大きな役割を果たしているし、樹齢400～500年の樫の木はヒルサイドテラスとデンマーク大使館の間を調停している。また、第6期の広場の木は植樹したものであるが、それを取り囲む三つの建物に対して、それらの間に生まれる対立的な関係を緩和する役割を果たしている。

脇（徳島県）の街並み。近距離にある1階の格子は模様として現象し、2階の卯建や藍色の色彩は、住み手の経済的な豊かさや街の産業を表現する象徴として現象する。

すべてインテグレートされた要素として我々のスタディの中でたえず意識されてきました。建築家にとってスタディの一番強力な武器は模型なんですね。模型によって例えばD／H（道幅と建物の高さの関係）を判断していくわけですが、同じD／Hでも、建物の表層をどのようにつくるかによって、最終的に現れる場所のクオリティは千変万化します。今の我々の建築には、都市とか歴史の規範がないだけに、注意深く自分たちのボキャブラリーを検証していく必要があります。

しかし、建築は不思議なもので、できてしまったものはどこかで受け入れて、それはそれなりに自然に、時間の流れの中である種の姿が整ってくるものです。視線についても、少し斜め性を強調したほうがいいとか、いろいろスタディしながらデザインの上に展開していきましたが、実はそれだけではなく、文化性の問題も深く関わっていると考えています。

例えば、バロック的な視線には、まっすぐ遠くまで、それこそ地平線まで行こうとする視線のあり方を強調する文化性があるわけですが、日本的な視線には、比較的短い距離で視線が止まって、しかしその背後に何かあることを演出しようとする傾向が強いですね。屈折の美学が我々の文化の中に体質的に存在してきたと思います。そういう視線のあり方を新しい状況の中でどうつくったらいいかというのも一つのテーマでした。

門内 A棟やB棟の背後の緑への視線、D棟の猿楽塚へと向かう視線、F棟とG棟の間の広場から通り越しに見える緑へと延びる視線など、いくつもの視線が組み込まれていますね*8。

奥性：空間の襞 ▶ p.63 図3参照

槇 そうなんですね。こうした視線のあり方は、僕たちが『見えがくれする都市』の中で書きました「空間の奥性」に関わっています。この奥性は、与えられた空間の中に、見えたり、見えなかったりするという「襞」をつくっていくことでできていくわけです。空間の襞は、建築的な空間の重なりあいによっても、あるいは樹木の存在によっても形づくられます。

下町に行くと、狭い露地の前にちょっとしたスペースがあって、そこに植木鉢が置かれ、それから連子格子か何かがあって、その後ろに障子があって、といった重層性のある空間構成が見られますが、これは空間の襞の面白い事例ですね*9。

日本人の感覚の中に、実体の美学よりもむしろ状況の美学に対する指向性があります。欧米や中国では数字でプロポーションをはっきりさせるのに対して、日本では黒塀の松というように数字でなく現象的な対比によって現す美

---

*8
集合体の存在性は、相互の眺望を交換しあうことによって成立している。緑地、オープンスペース、街路、古塚、樹木、サンクンガーデン、エントランスホールなどは、人間の視線によって相互にネットワーク化され、実際以上に広がりと奥行きが感じられるようになっている。例えば、敷地の背後にある緑地は、建物の1階の透明な空間越しに、あるいは建物の隙間から眺めることができ、街並みに潤いを与えている。第3期のD・E棟とデンマーク大使館の間のオープンスペースからは、第6期のF・G棟の間の広場を見通すことができるし、第2期のC棟の広場からD棟の猿楽塚まで視線が通っていて、緑地・オープンスペースが相乗効果を発揮するように組織されている

---

*9
日本の都市空間の最大の特徴の一つは、見えたり、見えなかったりすることによって生じる「空間の襞」が幾重にも重なりあって、「空間の奥性」が濃密に演出されていることである。空間の襞は、地形、道、塀、樹木、家の壁などによって何層にも関わりあい、包まれることによって形成された多重な境界域がつくりだしているものであり、それらを横断して行く時に空間の奥性が生じるというのである。
ヒルサイドテラスには、このような意味での空間の襞がいくつも組み込まれている。第1期ではコーナープラザ、エントランスロビー、ペデストリアンデッキなど、道に沿った方向に空間の襞がつくられているし、第2期では中庭への引き込みによって空間の襞がつくられている。第3期にも、モニュメンタルな円形階段状の基壇、猿楽塚を囲む路地風のアプローチなど、多彩な空間の襞が用意されている。第6期になると、空間の奥性と共に透明性を演出するために、何層もの空間の襞が形成されている。道と店舗の間にエントランスホールが介在し、ギャラリー、フォーラムなどを経て広場に至る空間の襞が存在している。これらの空間の襞がパブリックスペースとして組み込まれていることにより、散歩や会話、思索や鑑賞といった多様な行動が誘発されるようになっている。

学を伝統的に強く持ってきました。

ですから、先ほどの空間の襞も、定性的なものとして存在してきたと思うんですね。我々は、こうした感覚的クオリティを歴史的に大切にしてきたわけですが、それを新しい状況の中で展開していく必要があると考えています。

門内 それは、この間ヒルサイドテラスを案内していただいた時に感じた非常に印象的なクオリティの一つです。例えば、第1期のA棟に入ると、道と店舗の間に外の地形と一緒になって変化していく部分がありますし、第6期のF棟でも道と店舗との間にエントランスホールがありますね。F棟には、道や広場から建物の奥まで何層もの空間があって、それらが透けて見えることも印象的です。先ほど「空間の襞」と言われましたが、ヒルサイドテラスには、このように幾重にも我々を包み込んでくれるパブリックスペースが存在していて、散歩や会話といった多様な行動が誘起されるようになっています。

槇 第1期ではペデストリアンデッキをつくったり、オーバーハングした住居ユニットのファサードに陰の部分をつくったりして、道に沿った方向に空間の襞をつくっていきましたが、第2期になると敷地の奥行きもありましたので、中庭への引き込みによって、空間の襞をつくりました。また、透明性を演出するために、何層にも襞が存在する空間も試みています。

F棟、道と店舗の間のパブリックスペース

C棟、基壇上の中庭

ループ状の経路　▶ p.63 図4参照

門内 ところで、街路からヒルサイドテラスに入り、また街路に戻ってくる経路がループ化されているとのことですが、その点についてお話いただければと思います。

槇 これも、はじめは無意識的にやっていたものです。第1期の場合には、歩道からA棟に入りますと一度中へ下りて、また上がってくることができるし、B棟では、ペデストリンデッキというもう一つのオプションがつくられているわけです。

第2期になりますと敷地にもう少し奥行きが出てきましたので、街路から直接建物に入ると同じ高さで広場があって、もう一度歩道に出てくることもできるし、あるいはそのまま裏へ回ると、今度は第3期の猿楽塚に面したところに到達し、そこからD棟の内部に設けられた道を通って出てくることもできるし、さらにD棟の裏を回って表の街路に出てくることもできます。それから、知っている人は第1期と第2期との間のプラザのあるところを少し下りて、裏を通ることもできるわけです。第6期でも、建物のコーナーから入って、中を通って歩道や広場に出てくることができるような経路を意識的につくりました。

A棟、アトリウムからサンクンプラザを望む。

このように、一つの歩道に対して、帰ってくるためにいろいろな選択肢を与えている。そういうことがここへ来る人に豊かな空間経験を与えるのではないかと思います。回遊性ということは、そういう意味でかなり重要な、人間の行動心理と空間との間に存在する問題だと考えています。

門内　行動心理学や環境心理学の成果を設計に生かすことは大事なことですね。実際、経路に選択性があると空間が非常に豊かになるし、思わぬ人との出会いも発生すると思います*10。

眺望-隠れ処理論

門内　視線との関連で言えば、眺望はあるけれども、自分は見られないような場所が快適だということが知られていますね。
槇　そうそう、J.アップルトンの眺望-隠れ処理論（Prospect-Refuge Theory）ですね*11。
門内　ヒルサイドテラスに仕組まれた空間の襞に包まれていると、自分は人からあまり見られないで、通りや広場の様々な出来事を見ることができます。
槇　そういう空間をつくっていく時に、僕は子どもの時の体験を参照している場合が多いですね。かくれんぼの感覚もその一つです。昔の狩猟時代には、戦いの中で人々はそういう感覚を身につけていたと思うんです。原始人が荒野をかけ回っている時に、寝る場所の選択は、自分の生命に関わることであり、非常に深刻な問題でした。現在はそういう必要性がなくなったので、遊びとしての「かくれんぼ」という形で残っているんですね。
こうした感覚は、眺望-隠れ処理論の現れだと思いますが、それは文化を超えて、普遍的に存在しているものです。ただ、それをどういう形で遊びにするかというところで文化性や時代性が出てくるかもしれません。そういう感覚の背後には子ども時代があり、さらに原始人あるいは動物の時代につながっていく感覚がありますが、それは、建築、特に街の中に見知らぬ人が利用する場所をつくっていく時には、大事にしていい環境心理学の成果の一つだという気がしています。
門内　以前に縄文時代の遺跡を見に行った時に、後ろが緑に囲まれ、前は見晴らしのいい場所で食事をとろうとしたのですが、そこが遺跡の場所でした。人間の心理・行動のベーシックなルールは、時代を超えて大変重要な役割を果たしているわけで、ヒルサイドテラスには、そのようなルールを踏まえた場所がたくさん組み込まれているように思います。

---

*10
表の街路からヒルサイドテラスに入り、また街路に戻ってくる経路が幾重にもループ化されていて、空間体験を非常に豊かなものにしている。第1期のA棟に入ると一度中へ下りて、また上がってくることができるし、B棟ではペデストリアンデッキというもう一つの選択肢が用意されている。第2期では、街路から直接建物に入って中庭に出て、そこから歩道に戻ることもできるし、そのまま裏に回って、第3期の猿楽塚に面したところに到達し、そこからD棟の内部に設けられた道を介して歩道に出ることもできる。

*11
イギリスの地理学者J・アップルトンは、眺望はあるけれども、自分は見られないような場所が快適であると指摘し、それを「眺望-隠れ処理論」（Prospect-Refuge Theory）と呼んでいる（Appleton, J., The Experience of Landscape, John Wiley & Sons, 1975）。ヒルサイドテラスには、エントランスホールや奥まった広場など、あまり人から見られないで、通りや広場の様々な出来事を眺めることができる空間が、至るところに組み込まれている。それは人々が都市において孤独性を享受できる場でもある。

広場からさらに奥へ

時をパラメーターとしたデザイン

槇 こうしたルールには、意識してやったものもあれば、あとで自分たちのやったことから発見したものもありました。普通ですと、一つの建物をデザインすると、その結果をフィードバックするチャンスは少ないんですね。それがヒルサイドテラスの場合は延々とつながった仕事だったので、前は無意識的にやってきたことを、次の段階のデザインではかなり明確な意識性を持って展開することができたわけです。

門内 伝統的な集落や町家では、特定の建築家が不在であるにもかかわらず、非常に魅力的な空間が実現されていますが、これは、住む人や職人が自らの経験に根ざして、何がよかったのかをよく見極め、よくないところは直していったというプロセスの積み重ねによるものです。

槇 そうなんですよ。いいところだけとる。これは「盗みの手法」と言いますが、この場合は自分で盗んでいるわけですね。
ここでは時間が非常に大きなトピックになっています。時間の中での経験による試行錯誤というのは、街並みをつくっていく場合には非常に大事だけど、現代はそういうことをあまりにも許さない社会経済状況なんですね。そういう中でヒルサイドテラスは、ゆとりのある街づくりができたのだと思います。

門内 いいところをとりながら修正を重ねていくプロセスを、私は「人工物の進化のプロセス」と呼んでいます。つくる側から見たら、メンテナンスを継続的に行っているのですが、ものの側から見れば、少しずつ進化を遂げているわけです。伝統的なプロセスでは人工物の進化が可能であったのに対して、大量生産・大量消費を基調とする現代社会では、人工物の進化が困難になっています。そこで、最近は人工物の進化のプロセスを促すような設計方法に関心を抱いていますが、ヒルサイドテラスではそのようなプロセスが展開されたのだと思います。

［インターベンション］

槇 ヒルサイドテラスに現れてきている視線がつくり出すエキサイトメントは、ある種の日常性に根ざしたものですが、一方において建築はどこかで非日常的なものも企んでいるところがあって、ここではそういうものはあまり出てきてないと思います。京都駅の空に向かう大階段は、視線がつくり出す異郷性を実現したものであり、非日常的で壮大なロマンですよね。

門内 ヒルサイドテラスの都会的な風景も、十分非日常的な世界であるよう

猿楽塚。塚の上には社がある。

に感じられます。

槙 僕たちにとっても猿楽塚があったことはすごくよかったんです。それによって、都市の中に、ある非日常性、あるいは突然変異みたいなものが存在することになるわけです。考えてみますと、建築というのはリファレンスが多いほうが面白くなるんですね。例えば、古いパラッツォのインテリアの改造などに魅力的なものがあるのですが、これはリファレンスの存在によって、自分の行動の範囲が明確になり、デザインがやりやすくなるということがあるんですね。

さらに言えば、何もないところで自由にやるよりも、何らかのインターベンション（干渉）があるほうが、デザイン力が喚起される可能性が高いのです。また、空間を経験する人も、それをコントラストとして興味深く感じると思います。

ですから、歴史の重層性を感じられる都市は面白いですよね。プラハの街では、ゴシック、ルネッサンス、バロック、近世という異なる時代の建物が塊りになって存在していて、そこを縦断する経験には、我々の心に響くものがあります。

東京にも、江戸の痕跡は少なくなってきましたが、近代から現代にかけての重層性がどういう形で現れるかということが、課題としてあります。例えば、東京湾のウォーターフロントに現れている風景は、スケール感から言ってこれまでにない風景ですよね。しかし、それが佃島の消滅との交換である場合は問題であり、佃島はそのまま存続していて、ウォーターフロントの風景が現れると、都市に厚みを加えることになるわけです。

門内 集積することが大事なんですね。

類似と差異のネットワーク

槙 僕は今回門内さんにお話していただくのがいいと思ったのは、もちろん前からよく知っているわけですが、同時に門内さんが日本建築学会賞（論文）を貰われたすばらしい博士論文（『街並みの景観に関する記号学的研究』）で研究されている「類似と差異のネットワーク」という言葉が非常に印象に残っていて、一度そういう目でヒルサイドテラスを診断していただいたらどうだ、と考えたからです。

先ほどのお話で、伝統的な街並みにおける差異性を持った反復といった現象は、ヒルサイドテラスにも当てはまります。隅入りも比較的反復利用されているエレメントであるけれども、同時にそれぞれの建物のおかれた条件とかプログラムによって当然そこに差異性を生んでいるわけです。同じコーナー

D棟のモニュメンタルな基壇

類似と差異のネットワークの例
海野（長野県）の街並み。有限の要素の変形と結合により、多様でありながら統一感のある景観が生成されている。
（門内輝行『街並みの景観に関する記号学的研究』東京大学学位論文、p.290、1997.1）

の取り扱い方でも、みな違ったものを持ってきている。機能主義的な建築は、様式建築に比べてもう少し自由な発想を持っていますから、与えられたコンテクストの中で何が一番適当な表現方法かを考え、一つの枠の中でバリエーションをつくり出していくことができます。そういうオペレーションが、ヒルサイドテラスを支配してきた一つのメカニズムではないかと思います。

門内 類似と差異は、人間が意味を生成する基本的なメカニズムではないかと私は考えています。均質空間のように差異が発生しないところでは、感覚が反応しないんですね。類似があって、はじめてズレとか不連続が発生する。連続的な世界の中に不連続的な部分が発生することによって感覚が刺激されて、意味の解読が可能になるのです。

類似と差異は意味を生成する根源的な仕掛けですから、意味の豊かな場所をつくるには、差異を強調するだけではなく、類似と差異のネットワークを問題にせざるを得ないわけです。

槇 ネガティブな類似の典型例は兵舎群だと思います。そこでは、差異をつくりたいという人間の衝動が完全に否定され、単調な兵舎群からなる恐ろしいアーバンデザインが実現されているわけですね。一方において、人間は、カオスを無秩序という感覚で捉えるのではなくて、どこかで自律的にカオスの中にさえ意味を探し出そうとするものです。ですから、カオスの場合は、まだ先に展望があると思うんです。

いずれにせよ、類似と差異の問題は、一種の文明論的な問題につながるテーマだろうと思います。

素材・テクスチュア・色彩のバリエーション

門内 ところで、素材とかテクスチュアについても、興味深い論点があると思います。ヒルサイドウエストでも、この点についてはいろいろ工夫されていますね。

槇 そうですね。ヒルサイドテラスの場合には、25年という時間の経過の中での表層の変化があります。

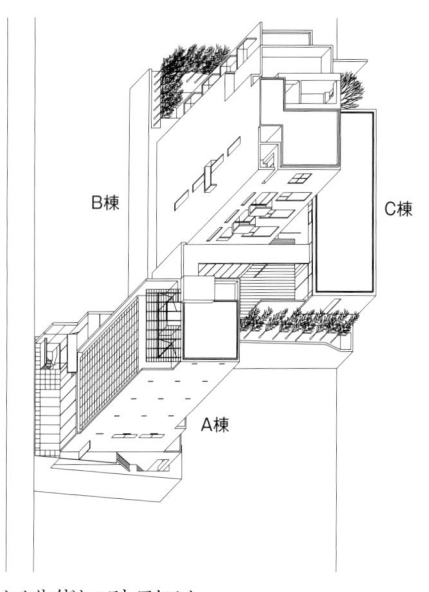

ヒルサイドウエスト アクソメ

最初はわりと素朴なやり方で塗装から始まったんですが、退化が激しいということでタイルに変わり、タイルも目地から汚れるという反省があって、第6期ではメタルとモザイクタイルの組合わせとしました。こうした素材の種類がそれぞれの時代を反映する記号になっているわけです。

[ヒルサイドウエスト]

槇 ヒルサイドウエストは三つの建物の集合体ですが、一度に設計されたものです。それらの間には、露地空間があります。視覚的に同じものによってヒルサイドウエストというアイデンティティをつくる方法と、三つの中に少し違った表層のあり方を考えて、それらの間に緊張関係をつくる方法という二つのオプションが設計の当初にありまして、後者をやろうということになって、今日のヒルサイドウエストの姿があるわけです。

全体として、破綻しない程度に差異化を図っています。色で言うと、白からグレーまでの間の変化でやっていますので、素材は違っても、色彩では統一されていると言えます。実際にやってみると、色彩が与える印象は非常に強いんですね。素材が少し違っても、白い街並みとか、茶色の街並みというよう

A棟アルミスクリーン　B棟モザイクタイル　C棟アルミスパンドレル

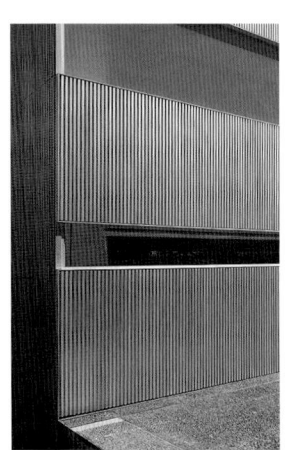

C棟ファサードスケッチ

に、最も目立つのは色彩であり、次に素材であり、それからスケール感というふうに、印象のレベルに差異がありますね。

ですから、色においてある統一性がある間は、素材に変化があっても、それがアンバランスをつくることはないだろう、という確信ははじめから持っていたわけです。

その結果、ヒルサイドウエストができたのですが、全体は露地的空間であるパサージュでつながっていまして、風景の展開を演出するために、両サイドの建物については、素材や開口の取り方などに、かなり意識的に変化をビルトインしました。

門内 そういった素材の変化が、時代のマークとなることも意図されていたわけですね。

槇 それもあるんですね。ヒルサイドウエストの場合は、これまでになかった表層をつくろうということで、ファサードは小さいんですが、アイデンティティを与えるために、一つの大きなマッスとして捉えられるようにデザインしています。

門内 そして、パサージュ沿いに街並みがつくられている。

槇 そういうミクロな街並みをつくることがテーマでした。

門内 歩きながら見ていくと、ヒルサイドウエストの中にヒルサイドテラスが……。

槇 入れ子構造になっているわけです。まさにそうなんです。建築家も何か楽しみがないといけないので、今度はこういうことをやってみようということで考えたことです。

コネクターとシフター

門内 日本の街並みを調査していて発見したことは、ミクロなスケールとマクロなスケールを区別すると、興味深い現象が見えてくるということです。例えば九州では、台風に備えて屋根の形が大事になるためでしょうか、住居のシルエットはダイナミックに変化するのですが、ディテールはあんまり凝らないんです。ところが、東北では、住居のシルエットは揃っていますが、ディテールに繊細な変化を認めることができます。街並みにも、マクロな部分でシフトさせるところと、ミクロな部分でシフトさせるところと、いろいろあるんですよね。

槇 それは面白いですね。

門内 私は、街に一体性を与えるコネクターとずれを与えるシフターを区別していますが、先ほど面白いと思ったのは、色彩をコネクターとし、素材をシ

ヒルサイドウエストA棟ファサード

指宿（鹿児島県）の住居。九州地方の街並みには、住居のシルエットに大きな変化が見られることが少なくない。台風の進路となることから、屋根にさまざまな工夫が施される。指宿には、1階と2階の中間にもう一つの屋根が挿入され、風雨に備えた住居が散在する。

黒石（青森県）の住居。東北地方の街並みでは、住居のシルエットは比較的安定しており、景観の変化は建築的要素の細やかな造作によって創出される傾向がある。黒石では、1階に「こみせ」と呼ばれる防雪用の通路が連続し、雪や地震に備えてゆるやかな勾配の屋根が反復して現れる。壁面や開口部の意匠が個々の住居の個性を表出している。

フターにするところですね。

槇 色彩を統一しておいて素材を変化させるか、それとも素材で統一しておいて色彩を変化させるかというのは、実はインテリアの基本的なストラテジーなんですね。

門内 類似と差異の問題で言えば、バリエーションの幅が非常に大事だと思います。ヒルサイドテラスでは、全体に抑制が効いていますし、微妙なグラデーションがありますね。街並みの印象を決める時に、バリエーションの選択幅が効いてくると思うのですが、その点についてはいかがですか。

槇 まず、陰影のある街並みにしたかった。その陰影をつくり出すのは、樹木であり、建物であり、あるいは形態の凹凸がつくり出す影なんですね。一番際立ったコントラストをつくるのは白ですが、白というのは、退化や汚れの問題があって、あまり時間的に持続性が高くない。そこで、明るさを少し落として、白からグレーへの選択幅の中から選んでいます。アルミにしてもタイルにしても、ハイグレーとか、銀色であり、ある一定のまとまりを持っているわけです。ただ一つだけ、デンマーク大使館はサーモンピンクですが、これは大使館から、自分の建築にアイデンティティを与えるために白はやめてほしいという要請があり、それを条件として選択したためです。

素材にも、塗装、タイル、メタルという選択幅があるわけですが、今言った色彩幅の中でやれば、ある種の統一感、共通性は損なわれないだろうという見通しがありました。

こういう街並みで、特に住居群からなる街並みについては、大体高さが3.5mぐらいのホリゾンタルラインが限りなく繰り返されていく場合が多いわけです。ヒルサイドテラスでは、実はこの規範を守っていない。すぐに集合住居だとわかるようなある種の単調性を見せるよりも、もう少し独自性を出したい、というもう一つの原則がありました。

具体的に言うと、1階が一つの層としてあって、その上の2階分をまとめて一つの層として見せるやり方があります。これは、1階のピロティ部分の領域をより明確にすることを意識してやったものです。ですから、1階は割合と1層分で読めているところが多いんですが、上のほうは2階分を一つの層として読んでいく場合が多くなっています。しかし、必ずしも同じものの繰り返しにはなっていません。こうしたデザイン上の工夫によって、普通の街並みにない印象を与えられないか、と考えたことも、自分たちでセットアップした規範でした。

陰影のある街並み

F棟の層構成

多様なアクティビティ

門内 ヒルサイドテラスには、住居、店舗、パブリックスペース、アートスペースなど、多様な要素が入っていますね。そこでは、性格の異なる空間を調停していくために、いろいろなボキャブラリーが考案されていると思います。

槙 A棟の1階には、北川フラムさんのアートフロントがありましてね。ここはもともと稲川さんという、かつてフランス料理屋をやっていた方の住居として設計した部分ですが、北川さんが現在そこをオフィスとして利用するために、骨格は全く変えてないけれども、僕たちが考えていなかった新鮮なインテリアをつくり出しています。建築にはそういう不思議なところがありますね。高度の機械は、ジェット機でも、原子炉でも、エンジニアが設計した通りに作動しなければ困るわけですが、建築は風呂敷みたいなもので、内部の生活が時と共に変わることを許容する包容力を持っていなければならない。したがって我々は、こうした容器をクリティカリティの低い機械と呼んでいるわけです。例え歴史的にすぐれたパラッツォであっても、人間の意思によるインターベンションが新しい状況をつくるということもあるわけですね。

門内 まさに風呂敷だと思います。その中における多様なアクティビティが風景としてにじみ出てくるわけですね。

槙 それもまた全体を楽しくしている。もしもヒルサイドテラスにおいて、アクティビティまで規制しながら、こちらの考えた通りの風景ができていたら、面白くない。やはりどこかで、住み手、使い手側のインターベンションがにじみ出ていることが、環境に奥行きを与えてくれていると思います。

A棟2階オフィス

ガーデニングによる都市の熟成

門内 ヒルサイドテラスでは、槙さんや元倉眞琴さんたちが継続的にメンテナンスに気を配り、住民も環境をよくする努力を積み重ね、オーナーの朝倉さんが一貫して全体を支えておられるわけで、これらの人々の存在が街の品格を構成する大きな力となってきたと思います。

槙 そういう人間関係を育ててきたことは、貴重ですね。
かつて、環境はつくるものだという意識が、都市計画やアーバンデザインを強く支配してきたのですが、最近になって、都市環境はガーデニングのように育てていくものだという考え方が注目されるようになっています。自然から人工に至るあらゆるものについて、つくるのではなくて耕すんだという意識が芽生えてきたわけですが、参加のデザインも、耕すというフィロソ

フィーから出てくるものですし、時の経過も、自然の変化を組み込んでいく態度の現れだと思います。

門内 環境とか都市を育てるガーデニングのお話がありましたが、これは現在非常に大きな課題となっている論点です。国際日本文化研究センターの白幡洋三郎氏は、建築の論理と造園の論理を対比的に示して、建築の人は都市をつくると考えるが、都市はガーデニングの論理でないとできない、と指摘されています[*12]。ヒルサイドテラスの歴史が示していることは、つくる部分とできる部分を、うまく共存させることだと思います。

槇 つくるというのはわかりますが、できるというのは?

門内 できるというのは、時の経過と共に熟成していくことだと思います。しかし、放っておいても熟成しないわけで、ガーデニングのように適度な手入れが必要です。

新しい共同体の風景を求めて

槇 かつての都市社会は比較的安定した社会だったので、先祖代々住み続けてきたという非常に強い思い入れがたえずそこにあって、それをみんなが誇りに思いながら、自分の領域やその近隣に気を配っていくことで、環境を熟成させ、維持することができた。ところが、現代のように非常に流動性の高い社会では、こうしたプロセスが成立しにくくなっています。誰もがきつい規制によって強制されたくないと思っているからです。

門内 街並みは、社会関係がそのままプロジェクターで映し出されたようなものです。昔はみんな同じような職業に従事していたから街並みが揃うのですが、今はみんな職業も違いますから、それがそのまま風景の乱れとして現れているわけです。

*12
造園学の白幡洋三郎氏は、建築の論理と造園の論理の対比を通して、都市風景のデザイン原理の特性を次のように説明している;建築には「竣工」があって、その状態の「メンテナンス」を行うが、造園では、「メンテナンス」からスタートし、ある状態でいいのではないかと「合意」し、その状態を保持していくプロセスをたどる。近代芸術の一つである建築は「目立つ」ことを、自らの存立の根拠としているが、造園では「馴染む」ことを基本原理としている。都市風景のモデルとしては、造園のモデルが意義深いと思う。(日本建築学会京都の都市景観特別研究委員会における白幡氏の講演より。1997年7月、無隣庵にて)。

HILLSIDE TERRACE 89-90

私が非常に大事だと思っていることは、人間は否応なく集団の中で生きているわけで、流動性の高い現代社会の中においても、新しい社会関係をどうつくるのかということがやはり重要な課題としてあるということです。

槇　インターネット社会は、これからますます発展していくと思いますが、もう一方において、物理的・身体的な社会の中では、新しい形で共同体の問題が浮き彫りにされてくるはずです。ヒルサイドテラスの場合は、まとまりのあるスケールであるがゆえに、オーナーと建築家の間の共同作業が成立し、居住者たちの中にそれを維持していこうという意識が育っているわけです。

ただ、こうした一見安定している状況がいつまで続くのかということは全くわからなくて、いろいろな外的条件、社会的な条件によって左右される部分が非常に多いわけです。

「どうしたらこの街にヒルサイドテラスみたいなものができますか」と聞かれることがあるんですが、僕の答えはあまりエンカレッジングではありません。これは本当にいろいろな偶然の条件の組合わせの産物です。もちろんポジティブに何とかしようというプロデュースする側の意思はあったことは事実ですが、こういう状況をつくるような社会的条件ないしは物理的条件は一般的には存在していないし、そうした条件を新しくつくっていくことはさらに難しいかもしれない。しかし、1960年代から20世紀の終わりにかけて、東京のある時代の様相を切り取ることができたかな、という実感は抱いています。

旧山手通り沿いの風景

[類似と差異のネットワークの重層性]

門内　新しい意味での社会性、パブリック性はやはり非常に大事なことだと思います。

類似と差異のネットワークは、類似の部分で共同性を、差異の部分で個性を表現することになりますので、類似と差異の織りなす風景を私は「共同体の風景」と呼んでいます。これまでは定住社会の共同体の風景を研究してきましたが、今後は流動的な社会における新しい共同体の風景をどのようにしてつくるかを探求する必要があると考えています。ヒルサイドテラスを見て私が分析してみたいと感じていることは、個々の要素における類似と差異のネットワークだけでなく、類似と差異のネットワークの重ねあわせがどうなっているかということです。

槇　なるほどね。ここに何となしに立ち現れているのは、そういう意図もあるんでしょうね

門内 私は、類似と差異のネットワークの重層性に、開かれた共同性の表現の手がかりがあるような気がしています。

槇 ネットワークの重層性ね。それであれば、ヒルサイドテラスと同じような状況を与えられていなくても、類似と差異の重層されたネットワークをつくっていく可能性は、少なくとも都市社会の中には、まだ相当存在していると思います。それに対する希望を持たなければならないし、もしかしたら、それが流動性の高い社会における街づくりの原則になり、ヒルサイドテラスはたまたまそのうちの一つの例である、という言い方ができるのかもしれないですね。

門内 私は、ヒルサイドテラスをそのようなものとして理解する必要があると考えています。

記号現象の多層性

門内 ところで、何かを表意する記号は、物理的な存在ではなく、現象するものなのです。この記号現象には、曖昧で多義的なイメージや雰囲気に関わる現象から、物理的な因果関係に関わる現象、さらには象徴的・文化的な意味に関わる現象に至るまで、多種多様な現象が含まれます[*13]。ヒルサイドテラスにおいて注目すべき事実は、これらの多層に及ぶ記号現象が非常にバランスよく配置されていることだと思います。

例えば、白のマッスに爽やかさを感じることもできるし、建物のコーナーから入り、様々な空間を回遊する行動心理学的な楽しみを享受することもできるし、建物の表層や空間構成にその時代の文化に対するコメンタリーを読みとることもできるわけですね。ですから、ヒルサイドテラスは、こちら側の解読の仕方に応じて、実にいろいろな楽しみ方ができます。コメンタリーについても、少しお話いただけませんか。

槇 この40年近くの時間の経過の中で、周辺にいろいろなことが起きたわけです。東京もものすごく変わりました。僕自身はモダニストですから、モダニズムの建築によって、街並みのような一つのまとまりのある集合体をどうつくっていくかということが、このプロジェクトにおける基本的な目的だったのですが、同時に、そういうものをつくることによって、間接的に、東京という都市や時代性に対するコメンタリーにならないか、ということも考えてきたわけです。

あまりにもその時々の風潮に乗りすぎると、コメンタリーにならないわけですね。例えば、ポストモダンの時代に、ポストモダンの建築をやらないという姿勢は、一つのコメンタリーでした。バブル時代にこの周辺にできる集合

[*13]
アメリカの記号学者パース(Peirce, C.S.)は、すべての現象を分類できる普遍的な三つのカテゴリーを導き出している。すなわち、一次性(firstness)とは、何かそれ自体であり、他のものと関係を持たないようなもののあり方、二次性(secondness)とは、何か他のものと関係しているが、いかなる第三のものをも含まないような(実在する)もののあり方、三次性(thirdness)とは、第二のものと第三のものを互いに関係づけるような(媒介する)もののあり方である。質的な表現を用いると、一次性は{質、可能性、単なる現れ、新鮮さ、自由、……}、二次性は{関係、実在、事実、経験、努力、抵抗、野蛮な力、……}、三次性は{表象、法則、一般性、連続性、媒介、共感、理性、習慣、……}である。

パースは森羅万象の中にこうしたカテゴリーに基づく三分法的な存在様式を見出し、記号現象をカオスからコスモスへ、偶然から法則へ、対立から統合へと至る秩序の「生成」として、あるいは逆の過程を「退化」として、ダイナミックに捉えている。

ヒルサイドテラス＋ウェストには、曖昧で多義的なイメージや雰囲気に関わる一次性の記号現象から、物理的な因果関係や参照関係に関わる二次性の記号現象、さらに象徴的・文化的な意味に関わる三次性の記号現象に至る多層に及ぶ記号現象を認めることができる。

・イメージ・メタファー・雰囲気
白さ、軽やかさ、透明性、素材、背景の緑と白いマッスのコントラスト、マッスの分割、10mの高さの軒線、明るい南面するファサード……

・指標的方向性、物理的な機能
道の方向性、ペデストリアンデッキ、パッサージュ、ループ状の経路、見え隠れする場所、囲み型中庭、隅入りの入口、入口を指示する白い円柱、視線のネットワーク、住居・店舗・オフィス・文化施設……

・象徴的・文化的な意味
類似と差異のネットワーク、時をパラメーターとしたデザイン(コンスタンシーと変化)、モダニズム、日本的空間(空間の襞・奥性)、場所性(微地形への対応)、歴史性・文化性(古墳の継承、アートの導入)、都市性・社会性(パブリックスペース)、モニュメンタリティ、アイデンティティ、コメンタリー……

住宅は、かなり高い家賃を期待して、贅沢な様式性を持ったものとしてつくられていましたが、それは本来の住まいのあり方ではないだろうという気がして、あまり御影石とか象徴的なエントランスのようなボキャブラリーは使いませんでしたが、これもその時代に対するコメンタリーであったと思います。

モダニズムの建築言語による都市風景の創造

門内　ヒルサイドテラスでは、モダニズムの建築言語*14による新しい都市風景の創造という大きな課題に取り組まれたわけですね。ポストモダンの潮流を見ても、柱や壁といった単語レベルの記号をデザインした事例はたくさん見かけますが、記号の配列の仕方については、あまり工夫が見られません。それに対して、ヒルサイドテラスでは、視線、経路の回遊性、空間の襞などの魅力的な空間に潜む記号の配列規則を、モダニズムのボキャブラリーにうまく組み込むことによって、都市をつくることに成功しているのではないかと思います。

槇　問題はその「うまく」というところですね。こうすればうまくいくよ、という規則があっても、実際はなかなかそうはならないもので、それぞれの建築家がその場で考えながらやらざるを得ない。僕の場合には、その空間に自分を入れてどう思うかということをたえず判断の基準にしてきました。ここは透明にする、閉じる、屈折する、あるいはここに柱を立てる、といったことを状況に応じて判断していまして、ヒルサイドテラスではそういうやり方を徹底しましたね。

そういう状況判断に対する自信は、この地域に対する長い時間をかけた観察と経験から生まれてくるものです。

流動性の高い社会で、こういう形で仕事ができる状況をどういうふうにつくっていくかという課題があります。先ほどからお話を伺っていると、かつて街並みをつくっていた状況を、もう一度、我々が新しい時代の中でシミュレートして、何かを学びとっていく、そういう必要性というのはありますよね。

門内　ヒルサイドテラスにおける重要なポイントは、アーバンデザインという視点を持って建築デザインを実践されたことだと思います。都市の問題を押えている建築家は大変少なくて、都市社会学、ヒューマンエコロジーの研究も意外に知られていないようです。街並みの問題を解くには、アーバンデザインの問題意識を持つことが不可欠ですね。

私が展開してきた街並み記号論で得られた重要な結論の一つは、日本の伝統

象徴的・文化的意味:コメンタリーとしての表層構成
「80年代の高級マンションがつくり出したある種のデザイン、素材の与える無意味な贅沢さ、保守性に対するコメンタリィが、第6期の表層構成の中で訴えられている。……アルミの表層などがコンテンポラリィなものでありながら、素朴機能主義的なレトリックを意図的に展開している。」(槇文彦「集合体に関するノート」『The Japan Architect 16』p.276, 1999.12)

---

*14
ヒルサイドテラスでは一貫してモダニズムの建築言語が使用されている。モダニズムの特徴とされる「透明性」はたえずテーマとなっており、素材や空間構成を工夫して透明性を実現することにより、周辺の自然を取り入れたり、眺望を相互に交換できるようにし、同時に日本の空間的伝統である奥性をも演出している。「白さ」「軽やかさ」「簡明性」「幾何学性」「陰影」といったテーマも繰り返しとりあげられているものである。

建築の内・外での相互の眺望の交換

的な街並みには、「有限の要素の組合わせによって、無限の景観のバリエーションを生成するための仕組みが組込まれている」ということです。そこでは、個々の要素の選択幅を抑え、他の要素に同調させることによって、要素間に多様な関係が発生し、街並みの価値が上昇すると同時に、その全体のポテンシャルが個々の要素を魅力的なものにする、というダイナミックなプロセスが展開されるわけです。

有限の要素とその組合わせという仕組みは、自然が持っている基本的な構造と一致しますし、ヒルサイドテラスにも同様の構造が巧妙にビルトインされていると思います。

槇 有限要素というのは実は非常に大事なことです。ただ、その有限要素として何をどのように選ぶかということも大変重要で、人間が共通に持っている普遍性のあるものを取り上げないといけないのではないか、という気がしています。

門内 モダニズムの原点にある問題意識ですね。

この対談では、モダニズムの建築言語によって創造された街並みであるヒルサイドテラスについて、その魅力的な風景がどのような仕組みによって実現されているのかを、記号論的な分析をまじえながら探求してきました。その結果、何気ない街の眺めにも、実にいろいろな考えがちりばめられていること、多くの人々の細やかな心遣いが息づいていること、新しい共同体の可能性が示唆されていることなどを明らかにすることができたと思います。

今日は、興味深いお話をどうもありがとうございました。

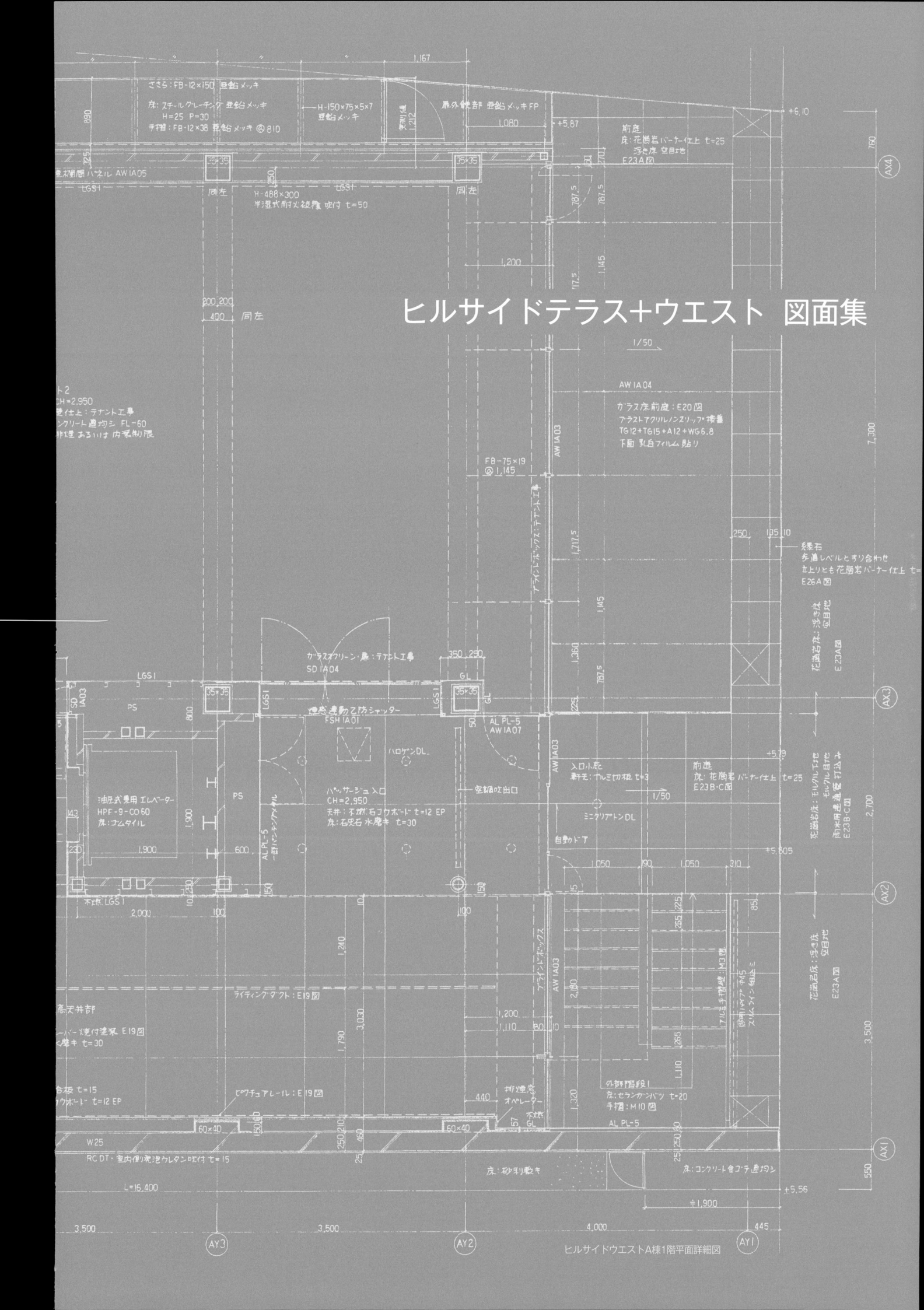

ヒルサイドテラス＋ウエスト　図面集

A棟・B棟 1969

交差点からA、B棟を見る。

A・B棟（第1期）
敷地面積　7,167.7㎡（一団地計画）
建築面積　642.8㎡
延床面積　1,849.1㎡
階数　　　地下1階、地上3階
建物高　　A棟　10m
　　　　　B棟　9.97m
地域地区　住居専用地区
　　　　　準防火地域
　　　　　第一種高度地区
施工期間　1968年12月〜1969年10月

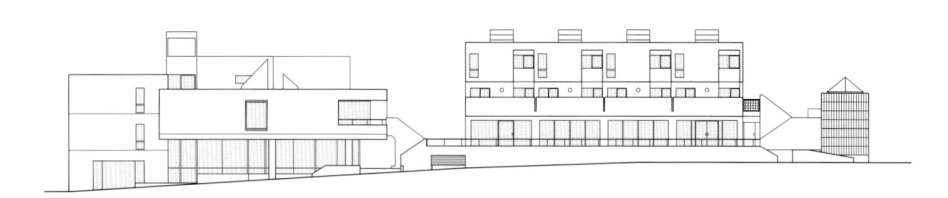

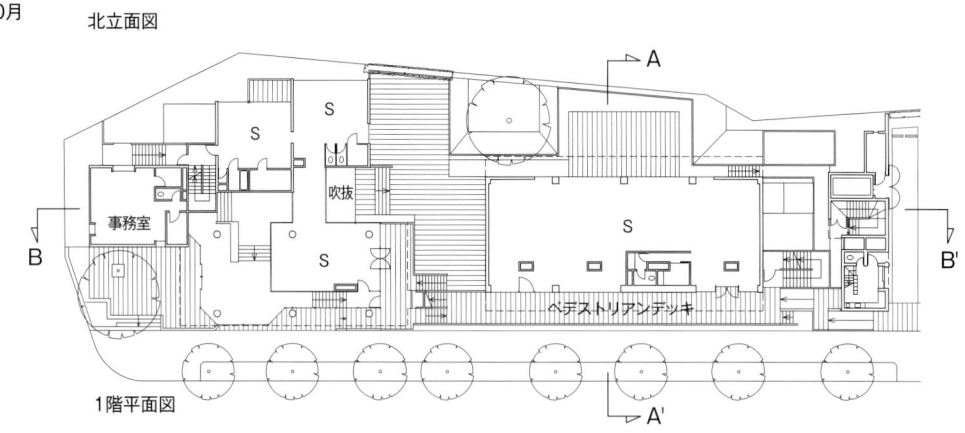

E：玄関
L：居間
D：食堂
B：寝室
S：店舗
R：飲食店
K：厨房
M：機械室

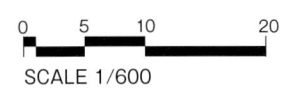

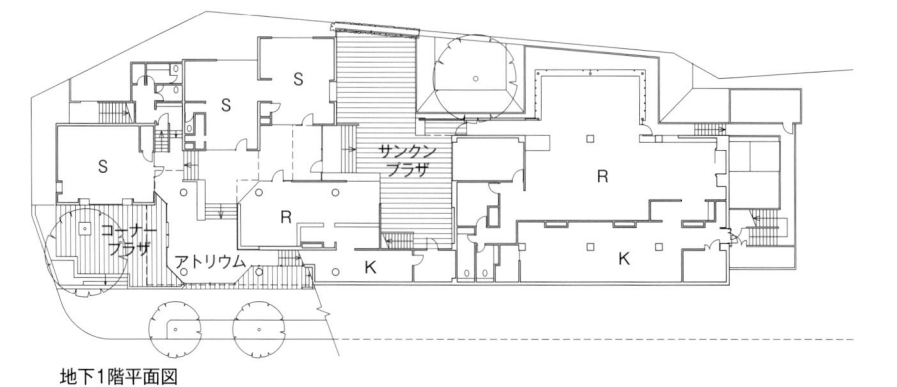

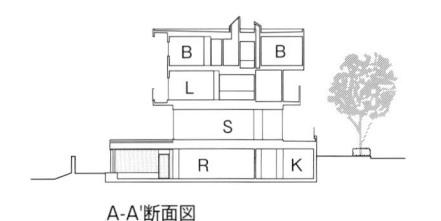

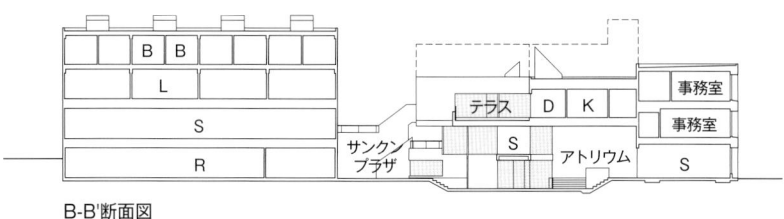

SCALE 1/600

3階平面図

2階平面図

北立面図

1階平面図

地下1階平面図

A-A'断面図

B-B'断面図

ディテール：A棟アトリウムのアルミサッシ

円柱によって支持されたピロティー空間を自在に角度を変えながらガラスで仕切れるようなディテールが求められた。サッシの高さは最大で4,170mm、風荷重を受ける竪方立や躯体に固定する部材は鋼材を使用、精度を要するガラス止めの部材はアルミを用い、コーキング材で異種金属を絶縁している。竪方立は鋼管とH型鋼をそれぞれスクリーンの角度によって使い分け、アルミのガラス止めは規格品のL型材と平角パイプ材の組み合わせで構成した。
1960年代、サッシの型材のバリエーションも極めて少なく、ましてこの規模で新しい型材を製作することなど思いもよらないことであり、市販部材を組み合わせた手作りサッシである。

アトリウムからガラスを通してコーナープラザを見返す。

平面図 1/200

A部平断面詳細図 1/6

B部平断面詳細図 1/6

C-C'断面図 1/60

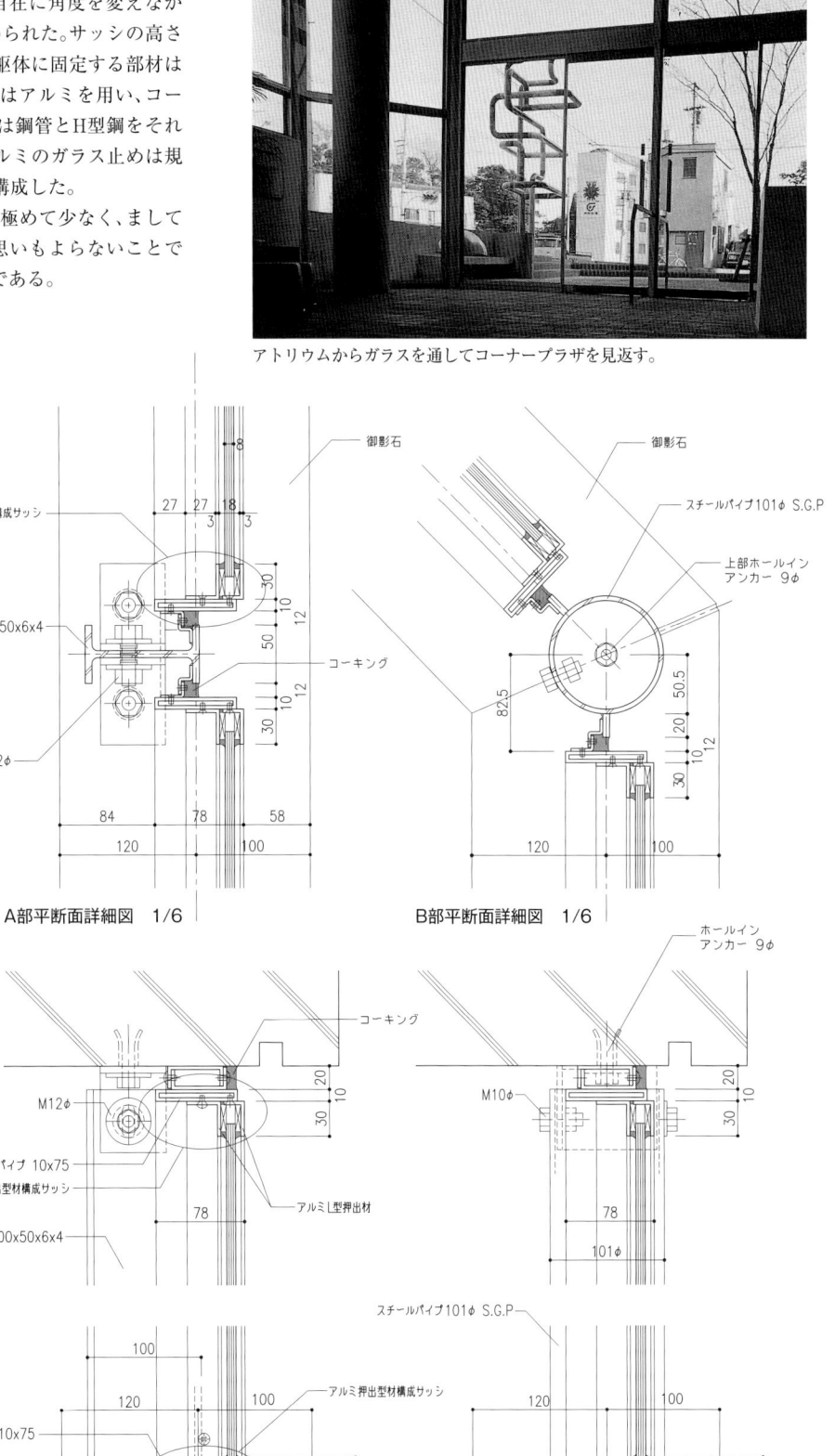

A部断面詳細図 1/6

B部断面詳細図 1/6

C棟 1973

C棟ファサードを旧山手通り越しに見る。

C棟（第2期）
敷地面積　7,167.7㎡（一団地計画）
建築面積　764.1㎡
延床面積　2,436.1㎡
階数　　　地下1階、地上3階
最高高　　10m
地域地区　住居専用地区
　　　　　準防火地域
　　　　　第一種高度地区
施工期間　1972年6月～1973年6月

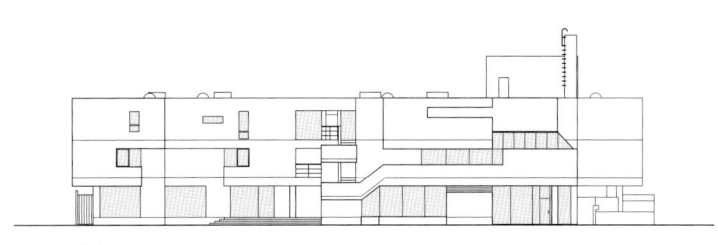

北立面図

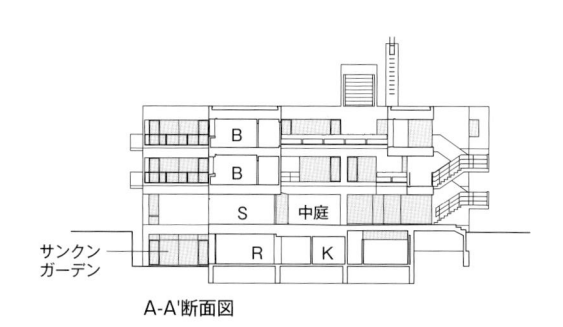

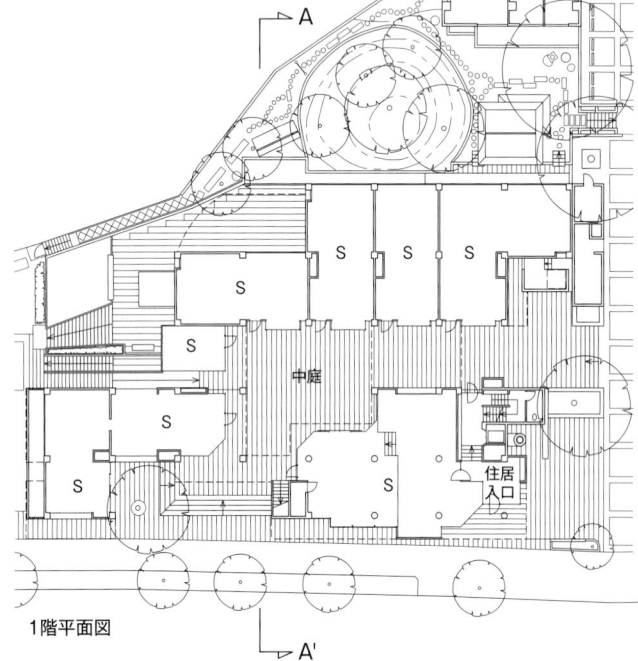

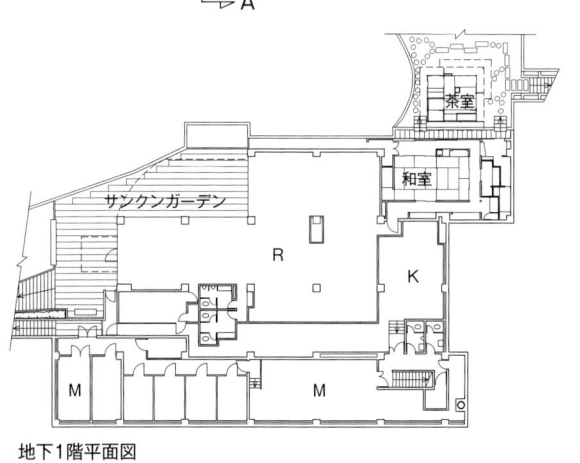

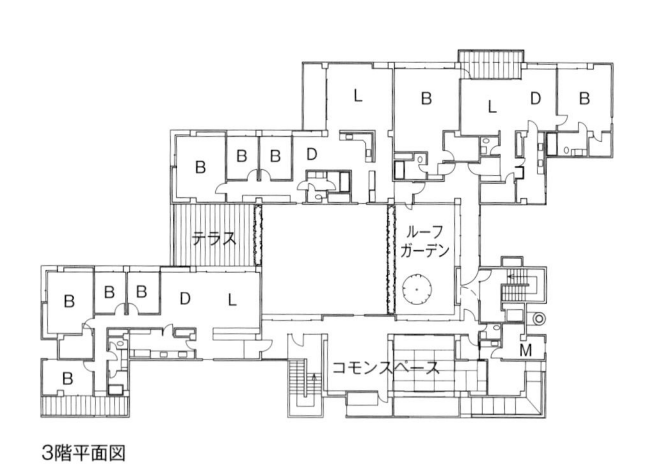

A-A'断面図

1階平面図

地下1階平面図

2階平面図

3階平面図

D棟 1977

D棟の旧山手通り側ファサード。

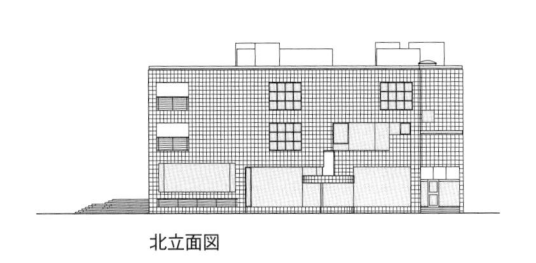

北立面図

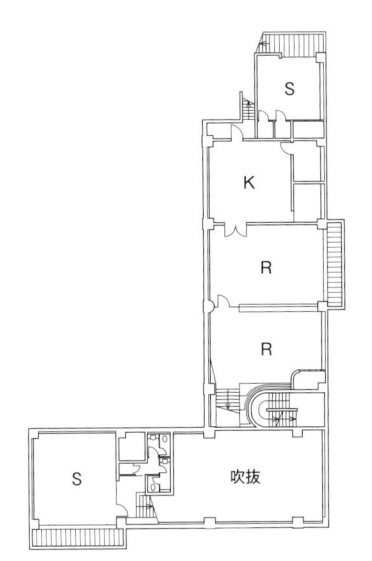

地下1階平面図

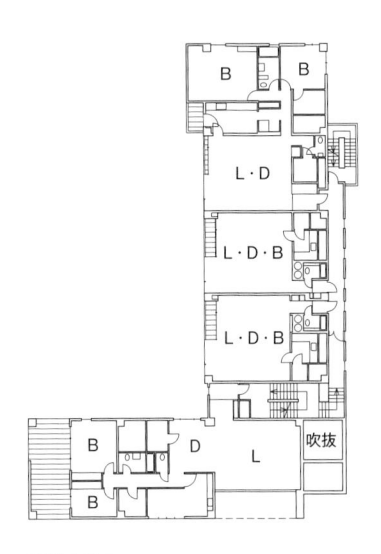

2階平面図

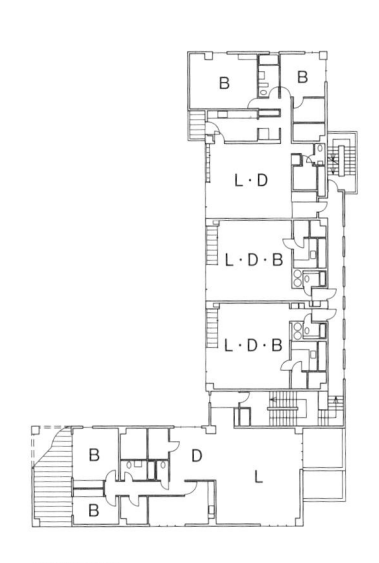

3階平面図

L：居間
D：食堂
B：寝室
S：店舗
R：飲食店
K：厨房
M：機械室

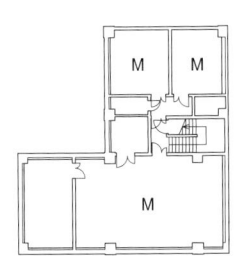

地下2階平面図

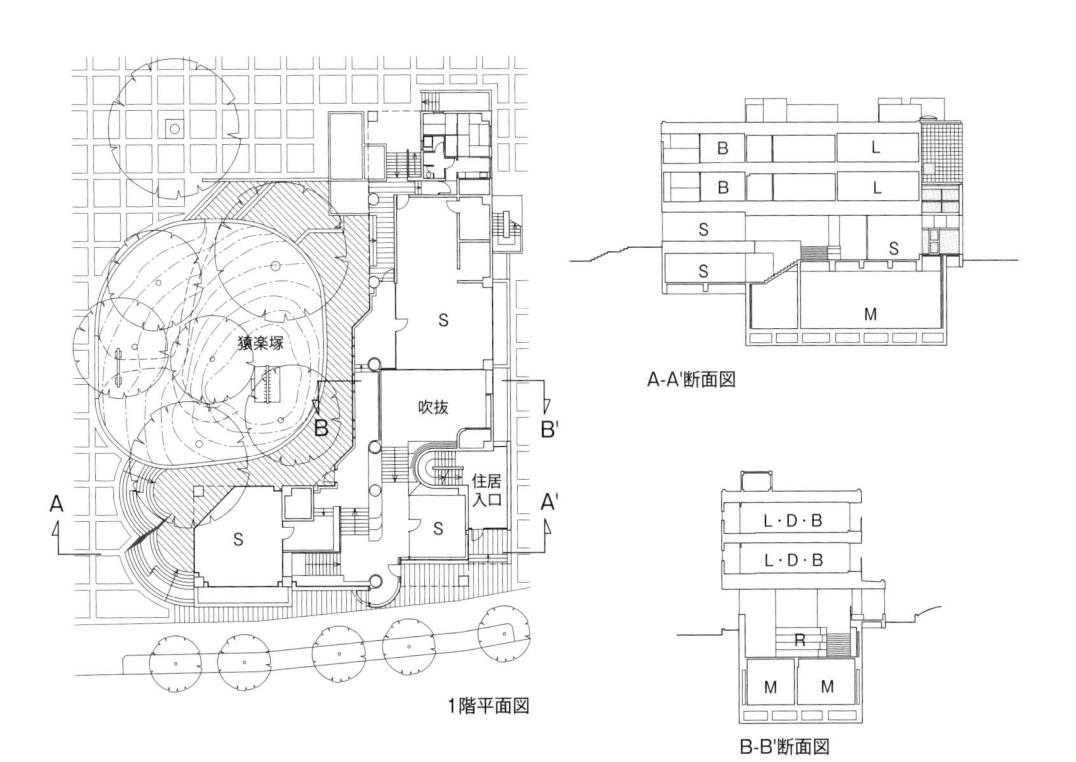

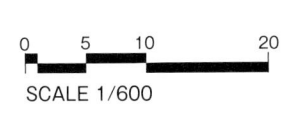

1階平面図

A-A'断面図

B-B'断面図

SCALE 1/600

E棟 1977

旧朝倉邸の樹々越しに見たテラス側の表情

D・E棟（第3期）
敷地面積　7,319.8㎡（一団地計画）
建築面積　1,274.7㎡
延床面積　5,105.2㎡
階数　　　地下2階、地上3階
建物高　　D棟　11.5m
　　　　　E棟　10.6m
地域地区　第一種住居専用地域
　　　　　準防火地域
　　　　　第一種高度地区
施工期間　1976年10月〜1977年12月

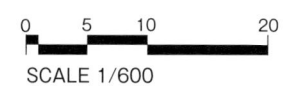

3階平面図

2階平面図

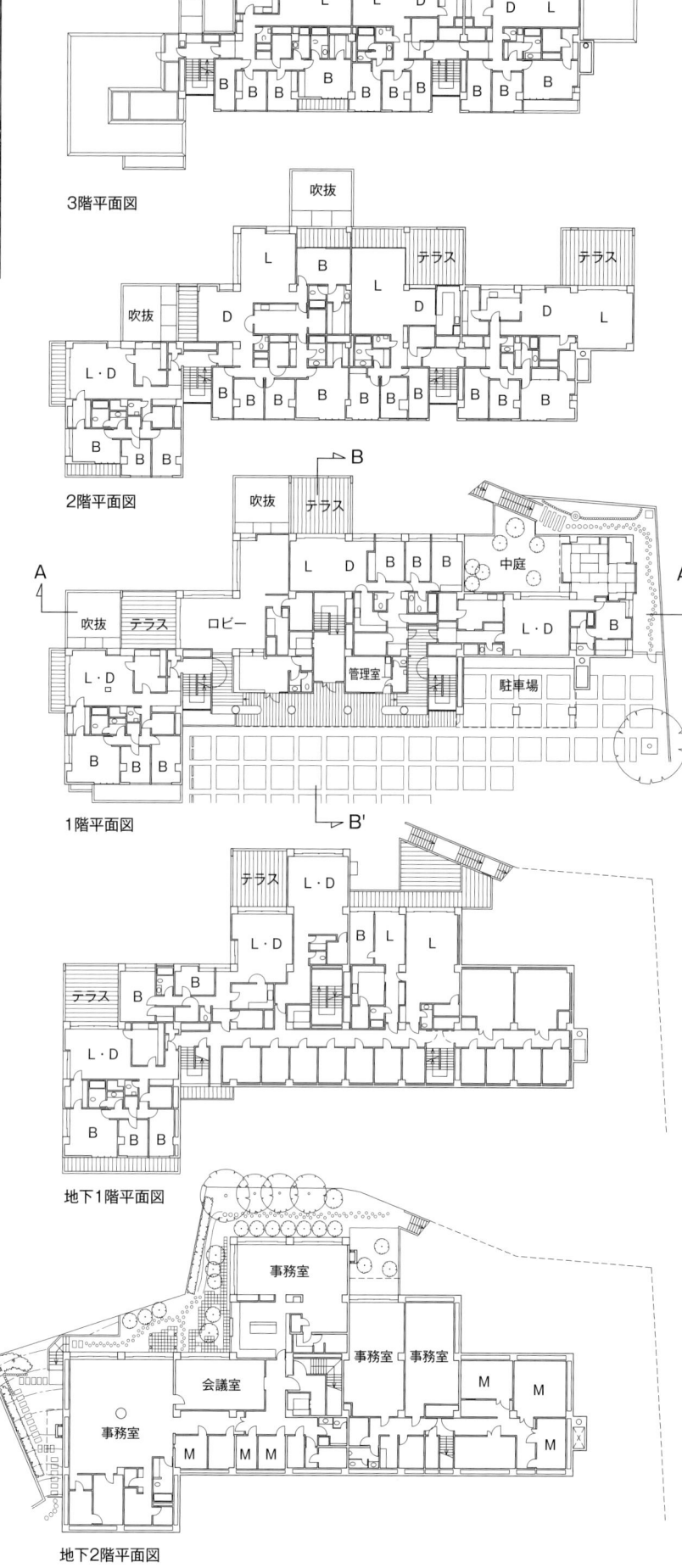

1階平面図

地下1階平面図

地下2階平面図

E：玄関
L：居間
D：食堂
B：寝室
S：店舗
R：飲食店
K：厨房
M：機械室

0　5　10　　20
SCALE 1/600

北立面図

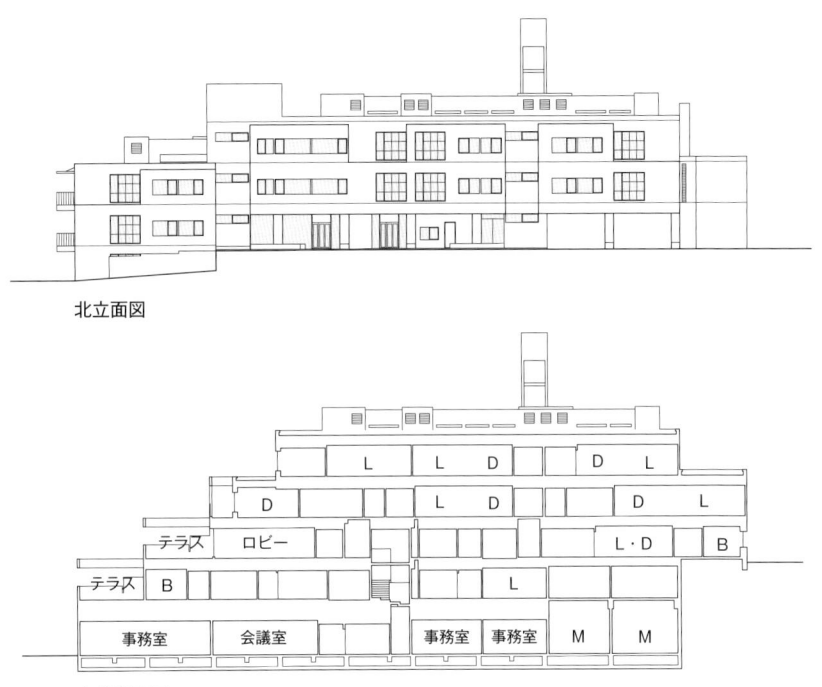

A-A'断面図

猿楽塚奥のオープンスペース。左手がE棟、正面奥はD棟

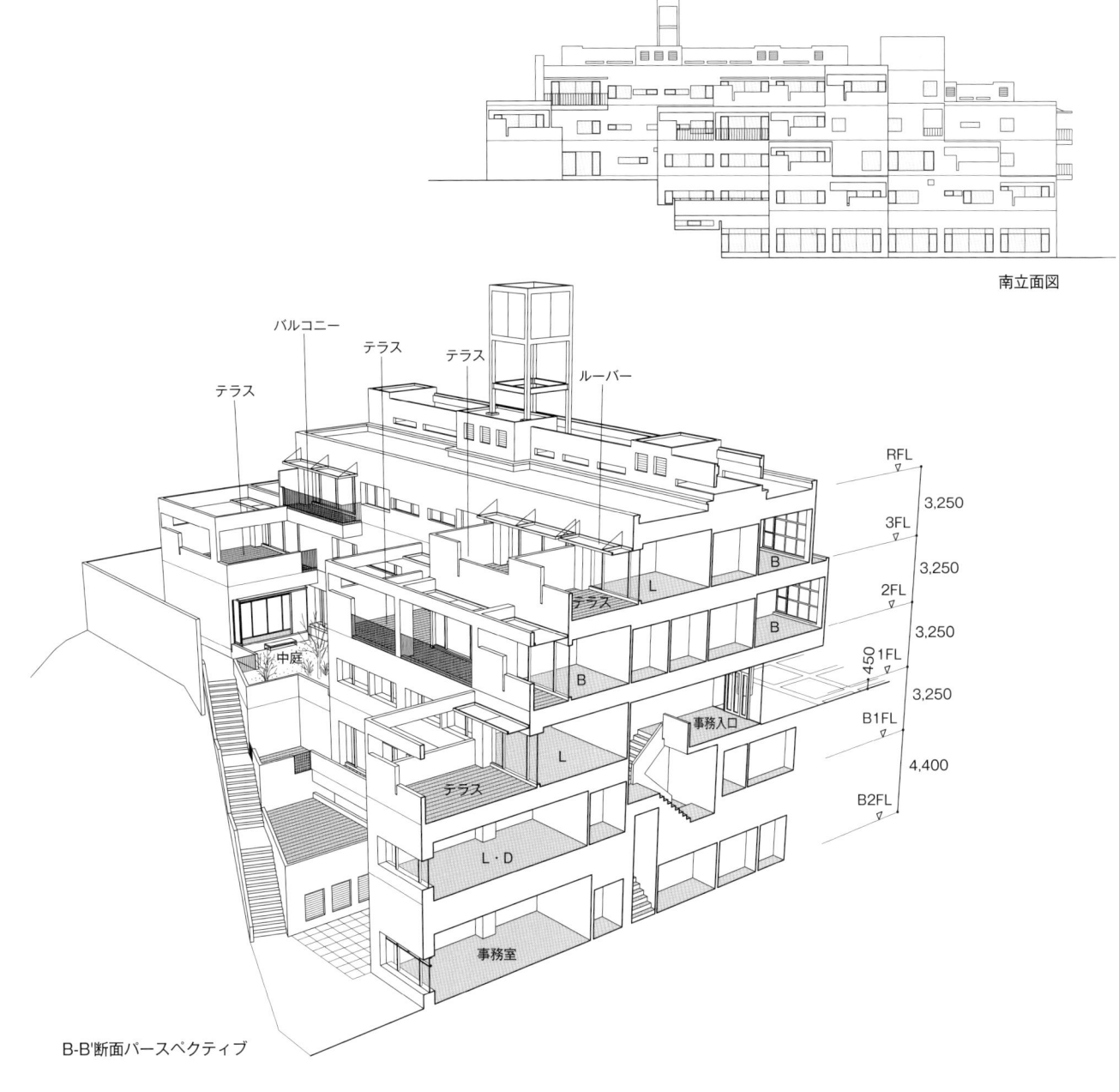

南立面図

B-B'断面パースペクティブ

デンマーク大使館 1979

事務棟の旧山手通り側ファサード

デンマーク大使館（事務棟、大使公邸）
敷地面積　　　　1,971.9㎡
建築面積　　　　766.2㎡
延床面積　　　　1,896.3㎡
階数　　事務棟　地下1階、地上3階
　　　　公邸　　地下1階、地上2階
建物高　事務棟　9.9m
　　　　公邸　　8.2m
地域地区　　　　第一種住居専用地域
　　　　　　　　準防火地域
　　　　　　　　第一種高度地区
施工期間　　　　1978年9月〜1979年10月

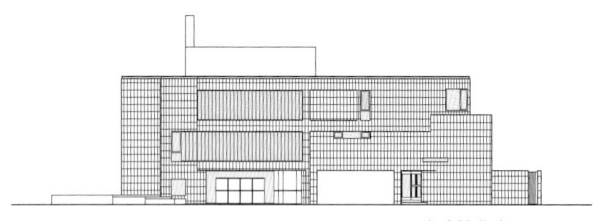

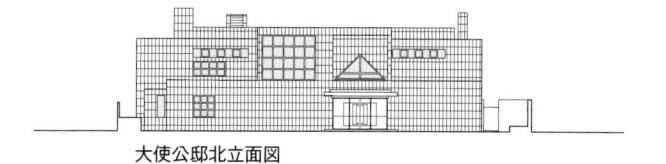

大使公邸北立面図

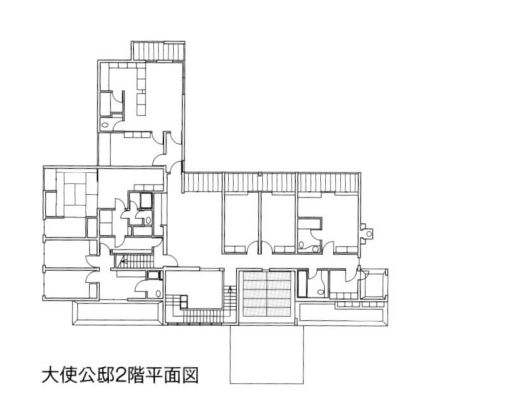

大使公邸2階平面図

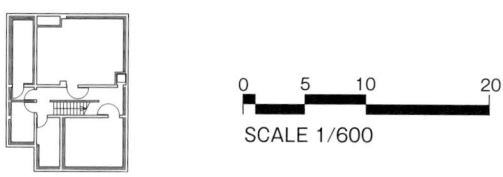

大使公邸地下1階平面

SCALE 1/600

事務棟北立面図

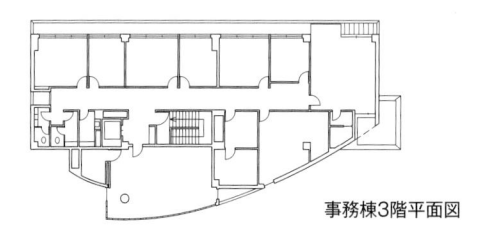

事務棟3階平面図

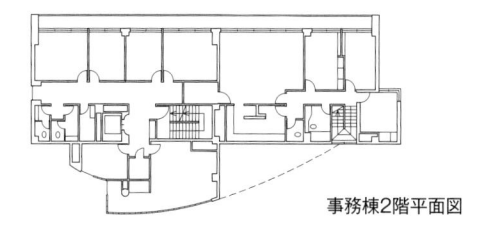

事務棟2階平面図

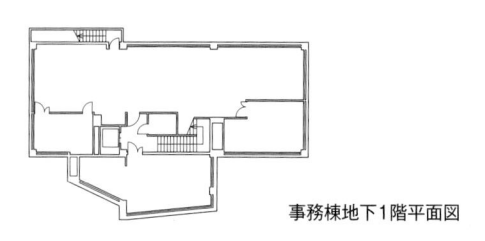

事務棟地下1階平面図

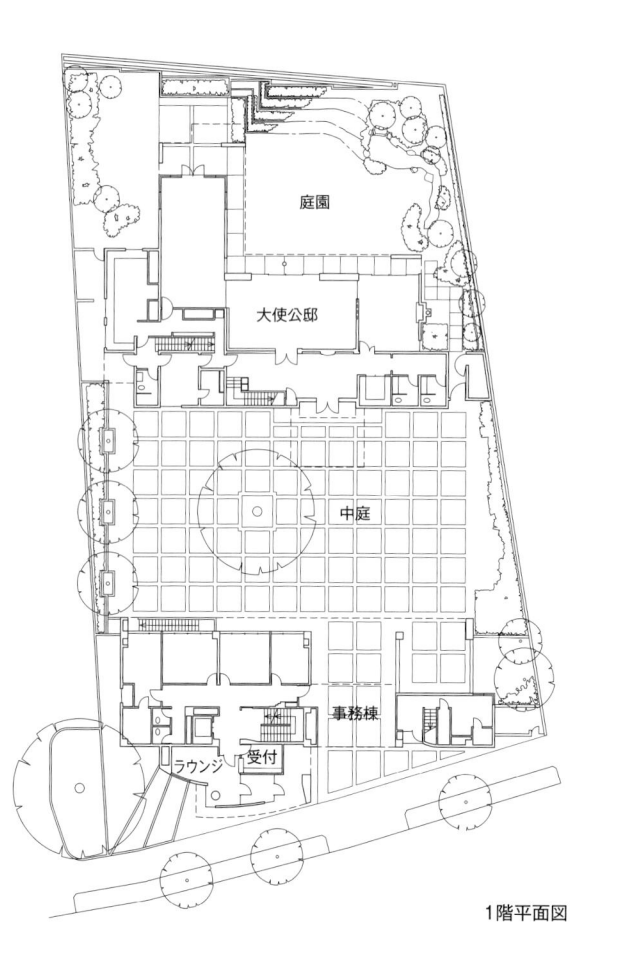

1階平面図

ヒルサイドアネックス 1985

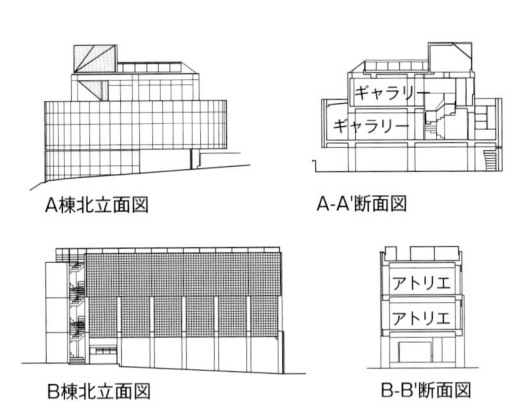

A棟北立面図 A-A'断面図
B棟北立面図 B-B'断面図

ヒルサイドアネックスA・B棟（第4期）
敷地面積　A棟　280.0㎡
　　　　　B棟　157.5㎡
建築面積　A棟　151.5㎡
　　　　　B棟　102.8㎡
延床面積　A棟　276.9㎡
　　　　　B棟　311.4㎡
階数　　　A,B棟　地上3階
建物高　　A棟　8.85m
　　　　　B棟　9.19m
地域地区　A棟　第一種住居専用地域
　　　　　B棟　第二種住居専用地域
施工期間　1985年5月〜1985年12月

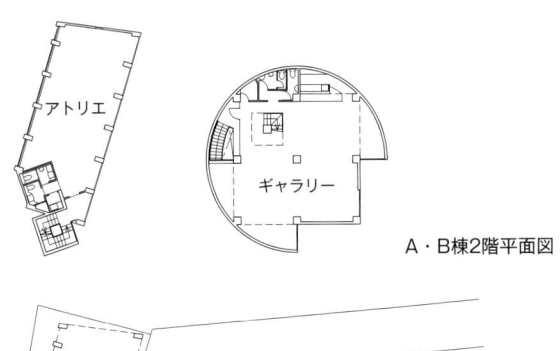

L：居間
D：食堂
B：寝室
S：店舗
R：飲食店
K：厨房
M：機械室

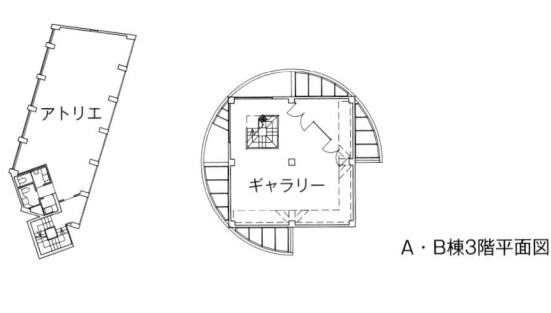

A・B棟3階平面図
A・B棟2階平面図
A・B棟1階平面図 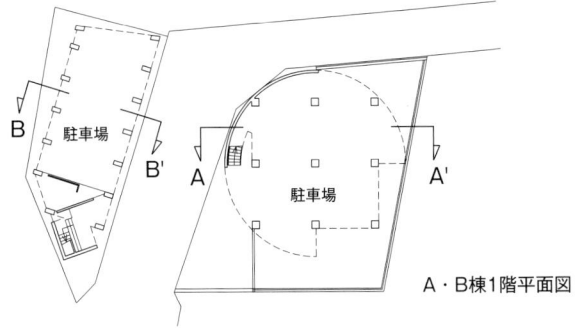

ヒルサイドプラザ 1987

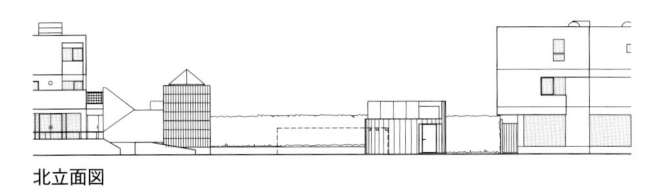

北立面図

ヒルサイドプラザ（第5期）
敷地面積　7,319.8㎡（一団地計画）
建築面積　88㎡
延床面積　574㎡
階数　　　地下2階、地上2階
建物高　　6.8m
地域地区　第一種住居専用地域
　　　　　準防火地域
　　　　　第一種高度地区
施工期間　1986年6月〜1987年6月

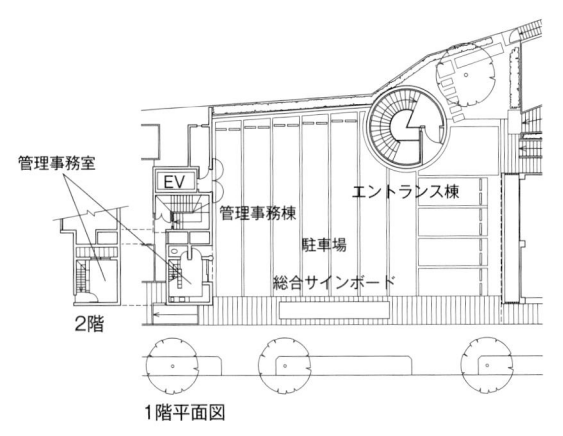

1階平面図
地下1階平面図 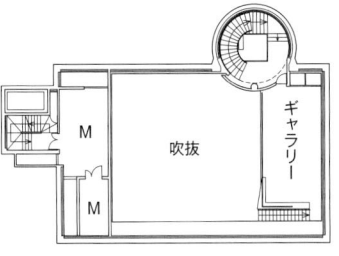
地下2階平面図 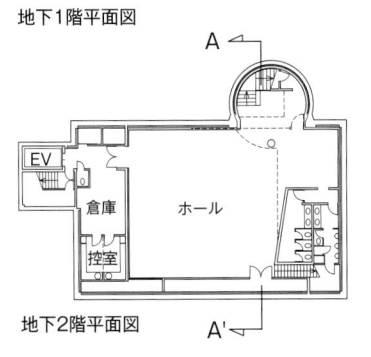
A-A'断面図

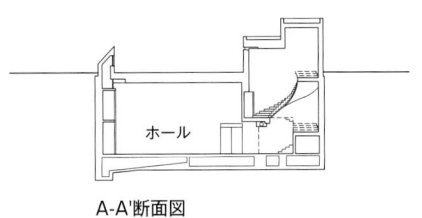

F棟 1992

F棟の南側ファサード

F棟（第6期）	
敷地面積	1,978.9㎡
建築面積	1,361.9㎡
延床面積	5,140.3㎡
階数	地下1階、地上5階
最高高	19.5m
地域地区	第一種住居専用地域
	第二種住居専用地域
	準防火地域
	第一種高度地区
	第三種高度地区
施工期間	1990年6月～1992年2月

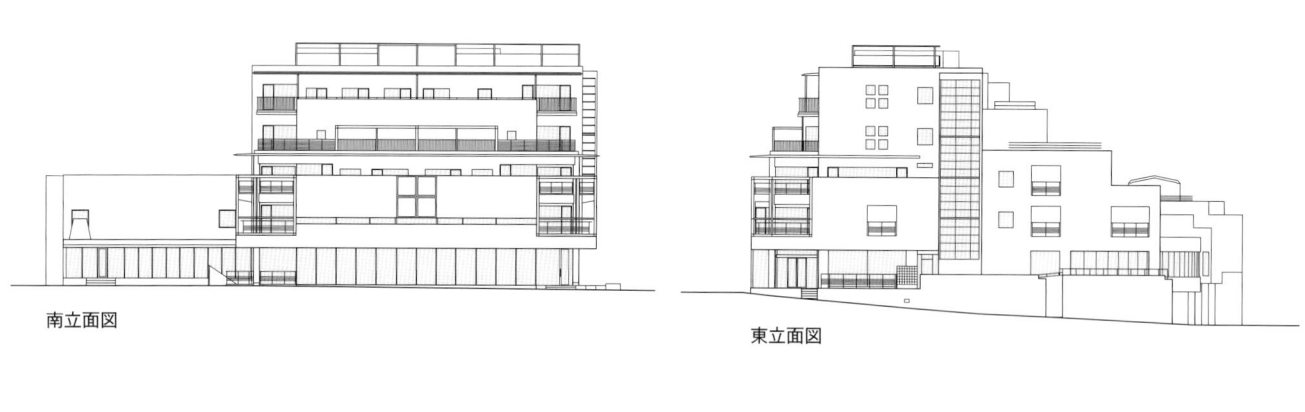

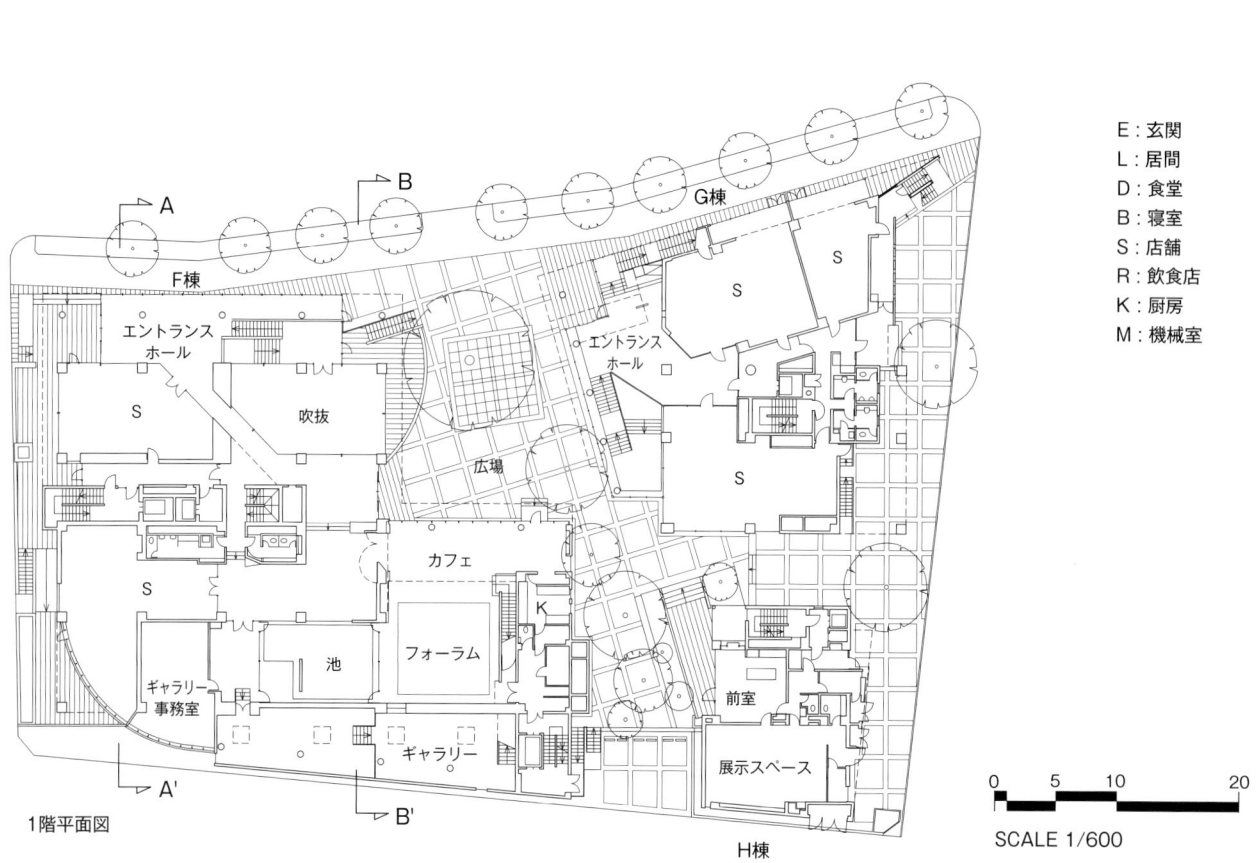

南立面図

東立面図

1階平面図

E：玄関
L：居間
D：食堂
B：寝室
S：店舗
R：飲食店
K：厨房
M：機械室

SCALE 1/600

A-A'断面図

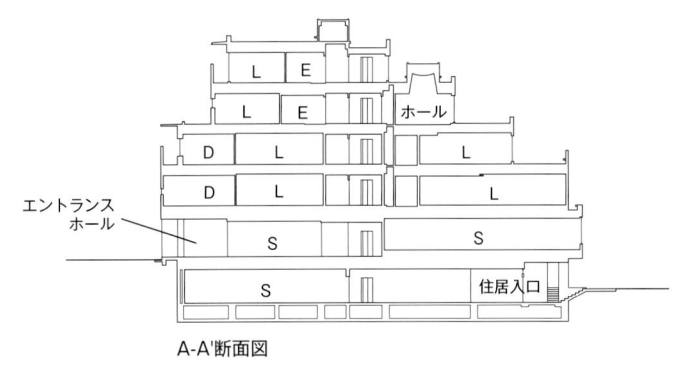

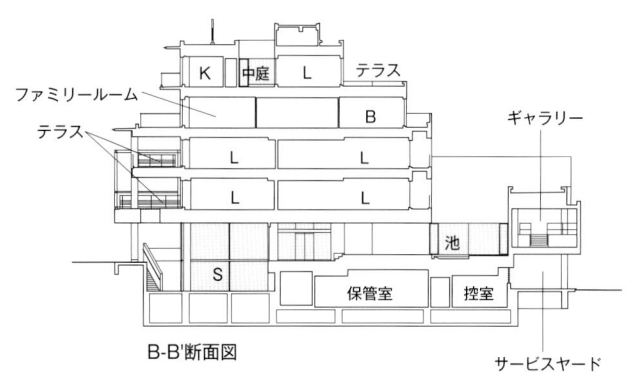

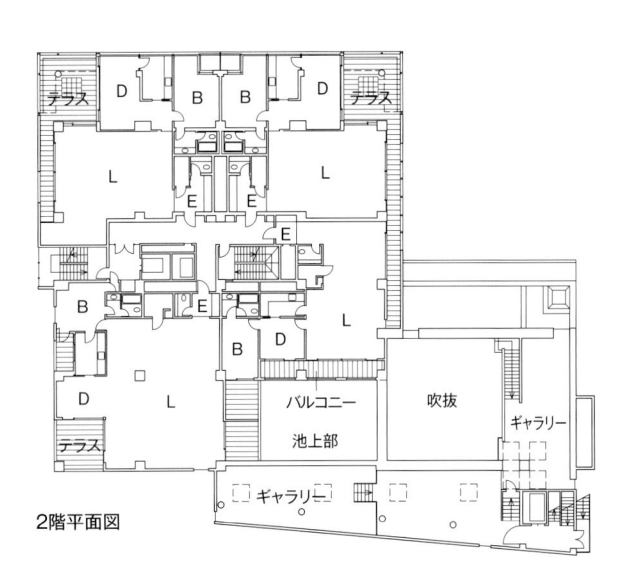

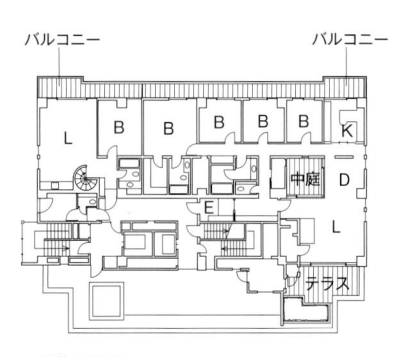

- エントランスホール
- ホール
- 住居入口

B-B'断面図

- ファミリールーム
- テラス
- 中庭
- ギャラリー
- 池
- 保管室
- 控室
- サービスヤード

5階平面図

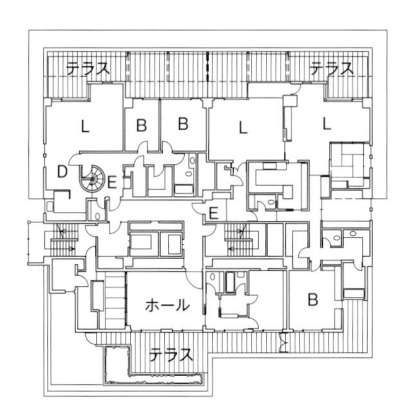

- バルコニー
- 中庭
- テラス

4階平面図

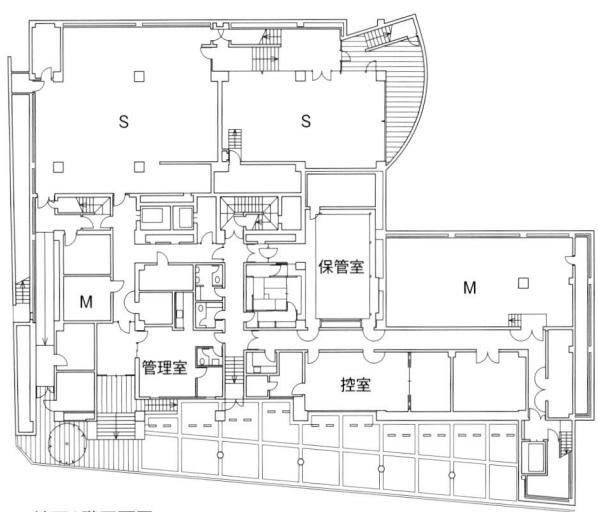

- テラス
- ホール

2階平面図

- テラス
- バルコニー
- 池上部
- 吹抜
- ギャラリー

3階平面図

- テラス
- バルコニー
- 池上部
- 吹抜

地下1階平面図

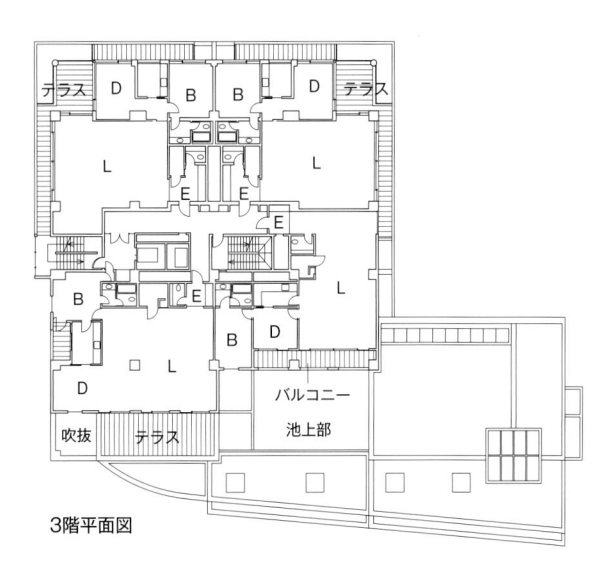

- 管理室
- 保管室
- 控室

125

ディテール：F棟南側表層

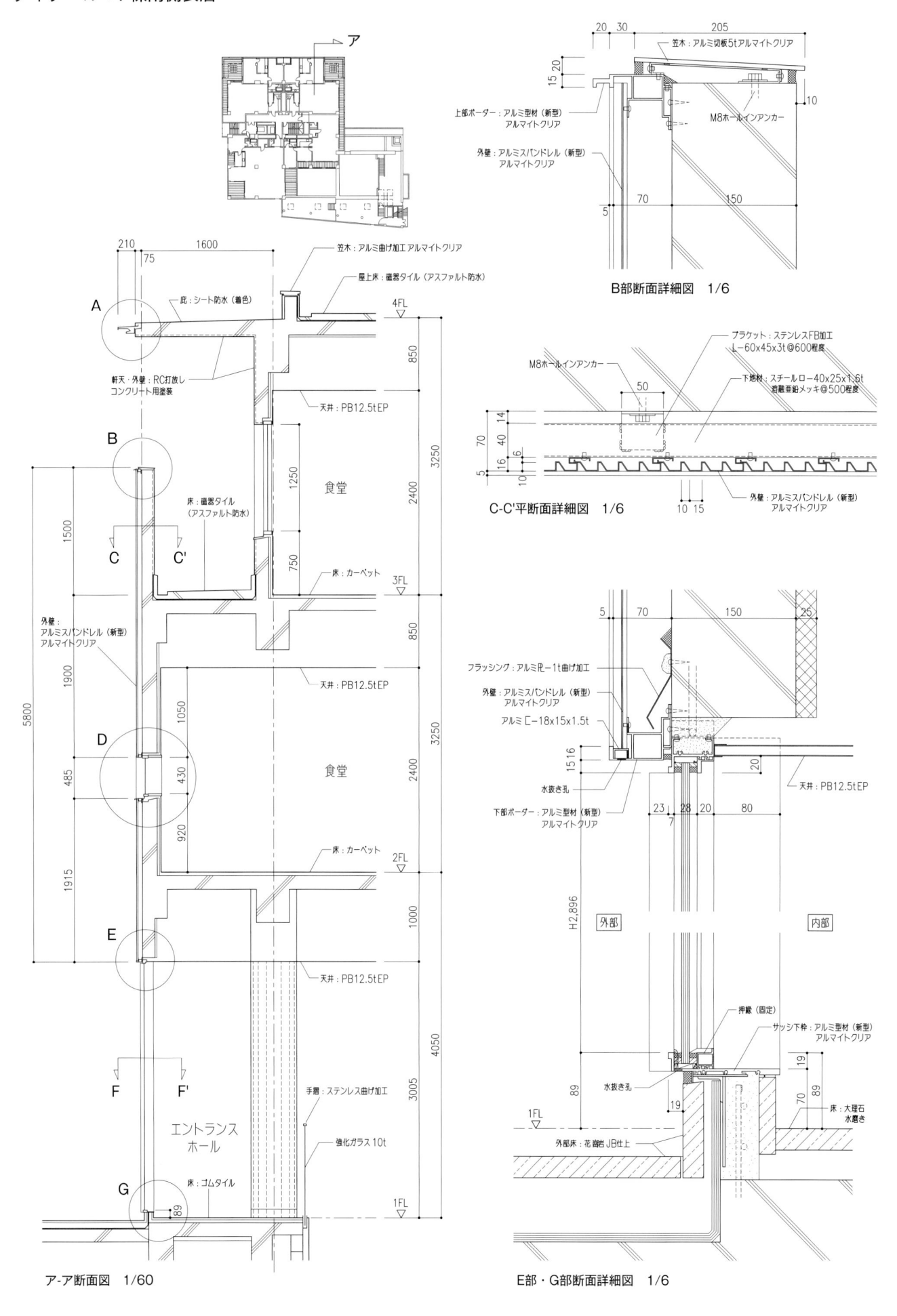

B部断面詳細図　1/6

C-C'平断面詳細図　1/6

E部・G部断面詳細図　1/6

ア-ア断面図　1/60

A部断面詳細図　1/6

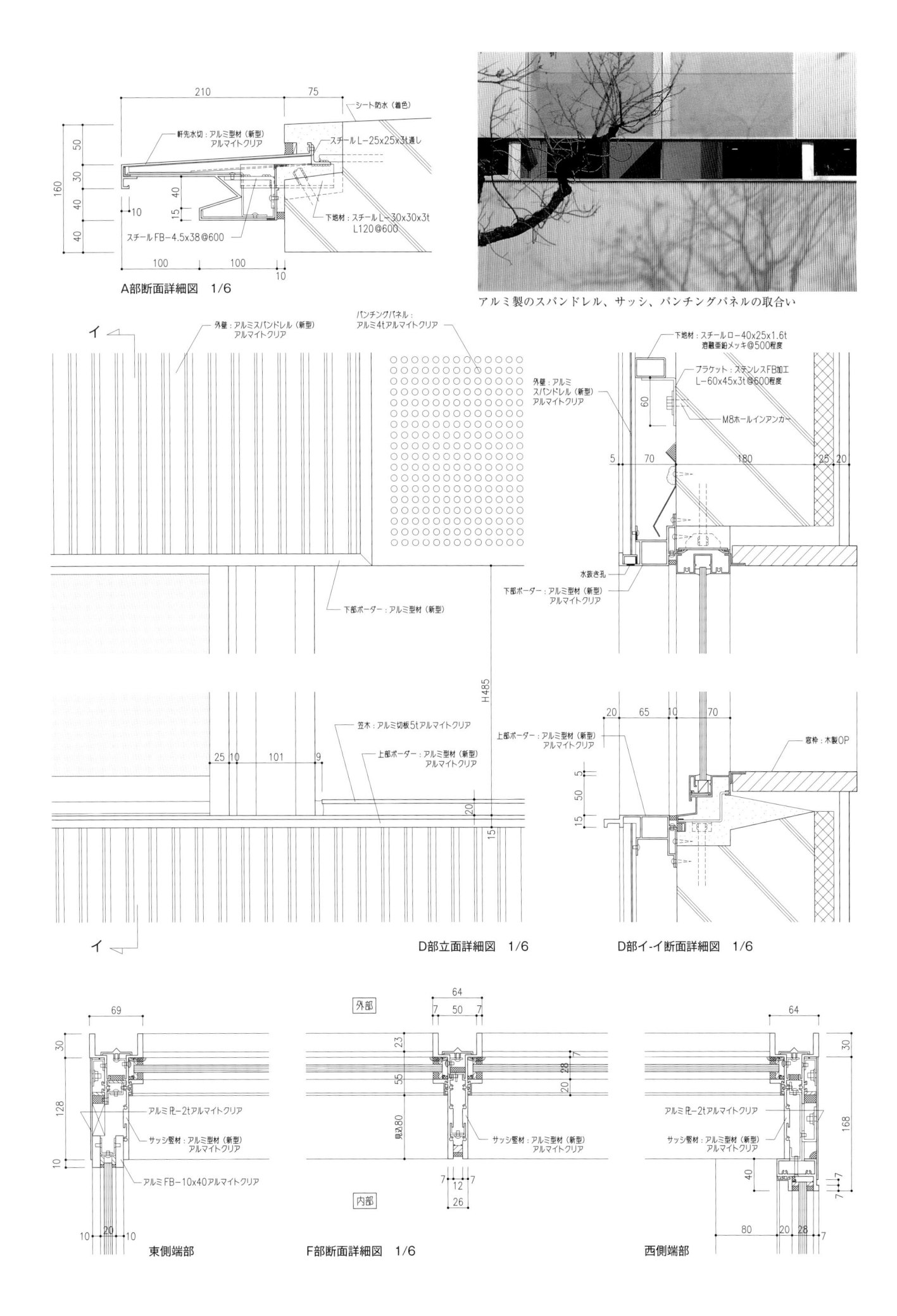

アルミ製のスパンドレル、サッシ、パンチングパネルの取合い

D部立面詳細図　1/6

D部イ-イ断面詳細図　1/6

東側端部

F部断面詳細図　1/6

西側端部

G棟 1992

G棟の旧山手通り側ファサード

G棟（第6期）
敷地面積　993.5㎡
建築面積　666.3㎡
延床面積　2,726.9㎡
階数　　　地下2階、地上4階
建物高　　14.0m
地域地区　第一種住居専用地域
　　　　　第二種住居専用地域
　　　　　準防火地域
　　　　　第一種高度地区
　　　　　第三種高度地区
施工期間　1990年6月〜1992年2月

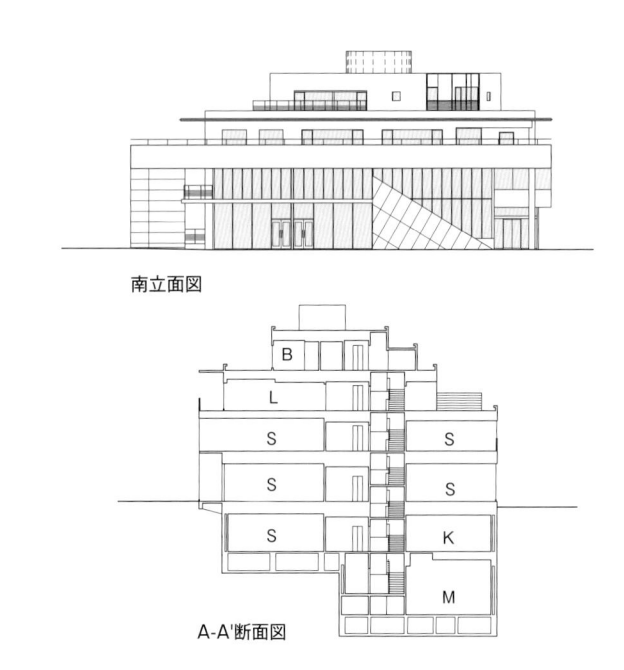

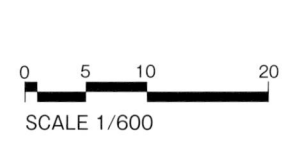

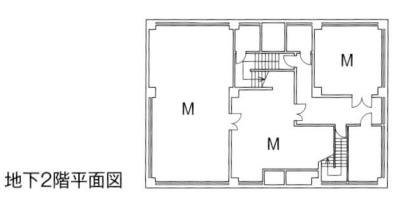

E：玄関
L：居間
D：食堂
B：寝室
S：店舗
R：飲食店
K：厨房
M：機械室

南立面図

A-A'断面図

SCALE 1/600

4階平面図

3階平面図

2階平面図

1階平面図

地下2階平面図

地下1階平面図

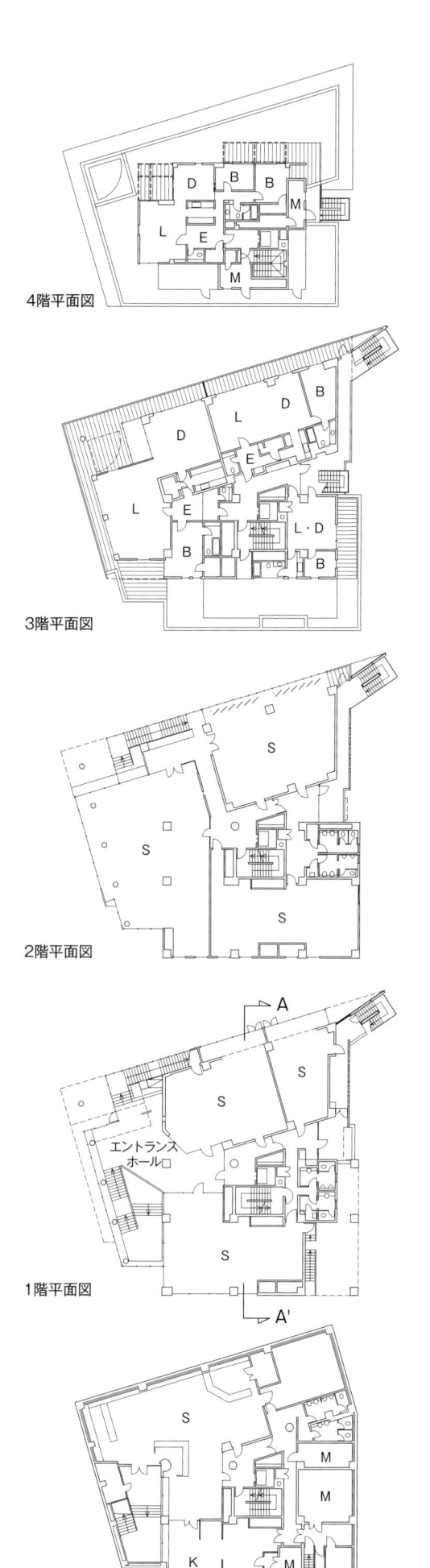

ディテール：G棟の2層吹抜けアルミサッシ

ファサード中央部、三角形のアルミ外壁の斜辺は2階への階段室であり、サッシの高さは5.6mから1.1mまで約1m間隔に変化していく。風荷重は竪材に負担させるので、サッシの見込み寸法を3種類用意して対応させている。

方立材をスティールにすれば合理的であるが、サッシ製造業者は2種類の材料の工事になることを嫌い、アルミの量や押出型材の費用が増えても単一材で製作することを強く提案してきた。1990年代初め頃はそのような時代であった。

ファサード中央部の三角形外壁

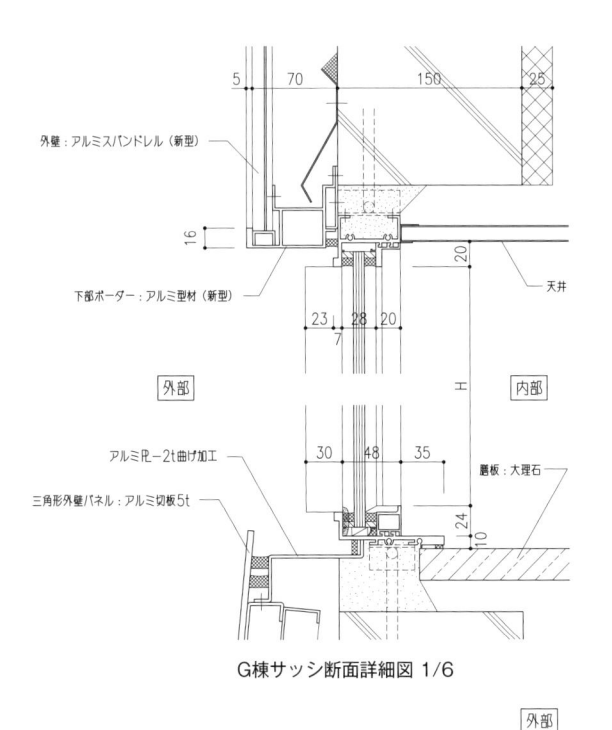

G棟サッシ断面詳細図 1/6

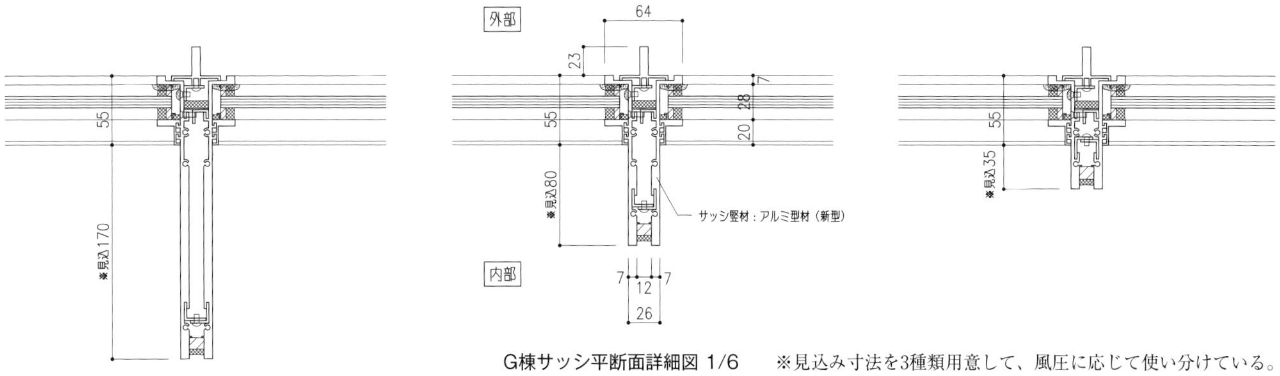

G棟サッシ平断面詳細図 1/6　※見込み寸法を3種類用意して、風圧に応じて使い分けている。

H棟 1992

H棟への新しいアプローチ

H棟（第6期）
- 敷地面積　　331.7㎡
- 建築面積　　207.2㎡
- 延床面積　　496.6㎡
- 階数　　　　地下1階、地上3階
- 建物高　　　9.9m
- 地域地区　　第一種住居専用地域
  - 　　　　　第二種住居専用地域
  - 　　　　　準防火地域
  - 　　　　　第一種高度地区
  - 　　　　　第三種高度地区
- 施工期間　　1990年6月〜1992年2月

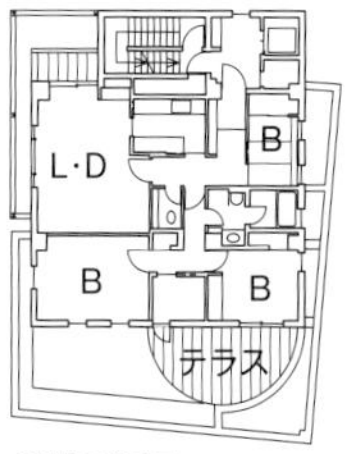

3階平面図

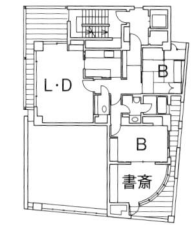

2階平面図

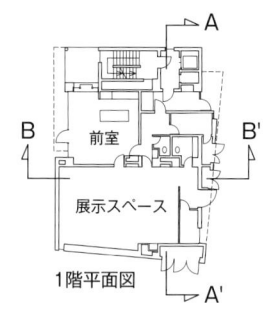

1階平面図

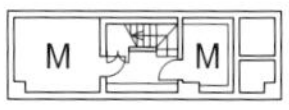

地下1階平面図

東立面図

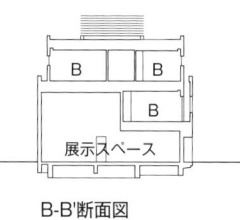

B-B'断面図

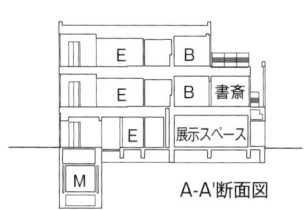

A-A'断面図

ヒルサイドウエスト 1998

ヒルサイドウエスト（A・B・C棟）
敷地面積　1,230.16㎡
建築面積　706㎡
延床面積　2,957.51㎡
階数　　　地下2階、地上5階
建物高　　18.23m
地域地区　第二種中高層住居専用地域
　　　　　第二種低層住居専用地域
　　　　　準防火地域
　　　　　第二種高度地区
　　　　　第三種高度地区
施工期間　1997年6月〜1998年11月

ウエストA棟正面全景

鉢山町住宅地側から見たウエストC棟

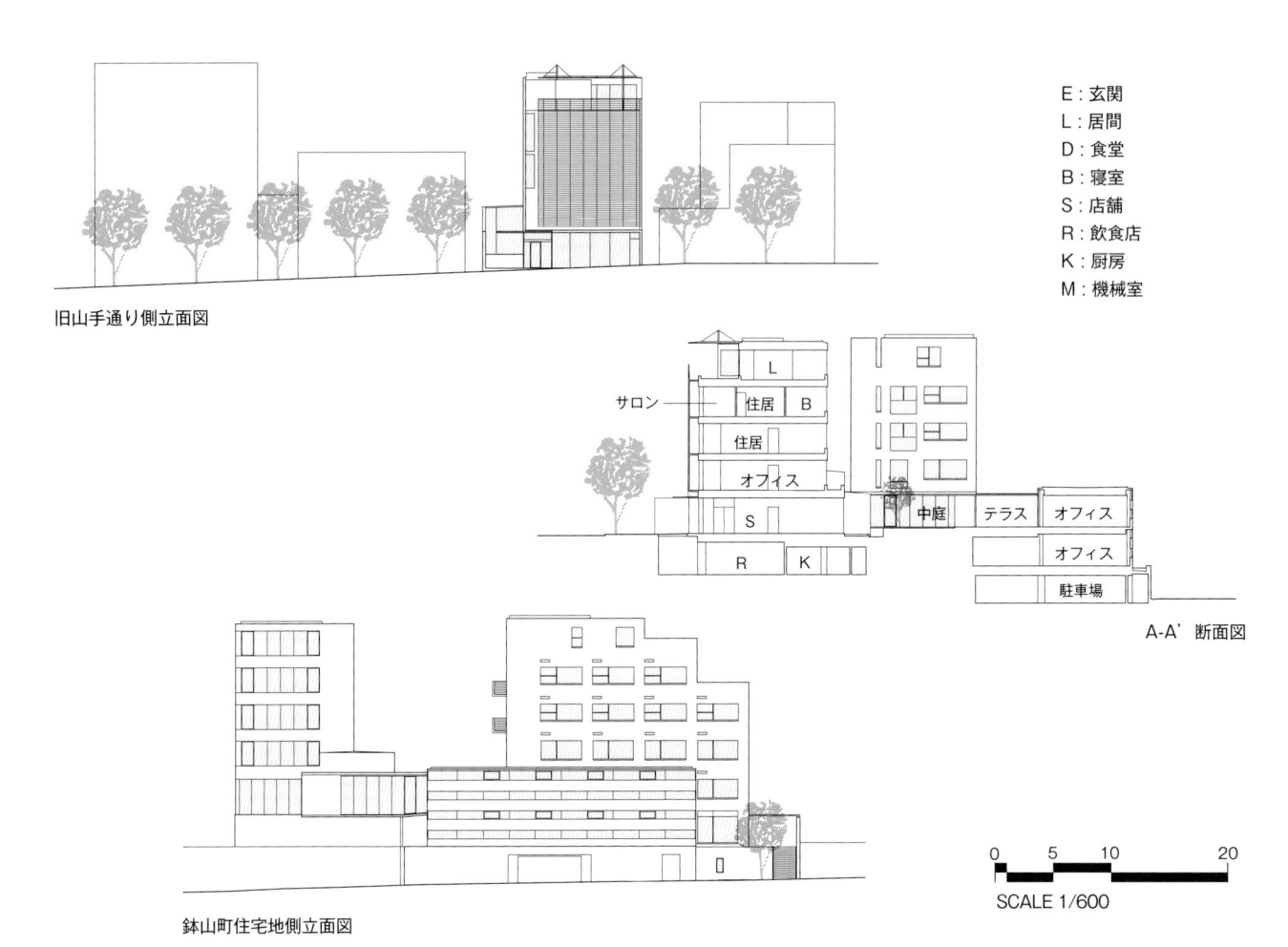

旧山手通り側立面図

E：玄関
L：居間
D：食堂
B：寝室
S：店舗
R：飲食店
K：厨房
M：機械室

A-A'断面図

鉢山町住宅地側立面図

SCALE 1/600

旧山手通り

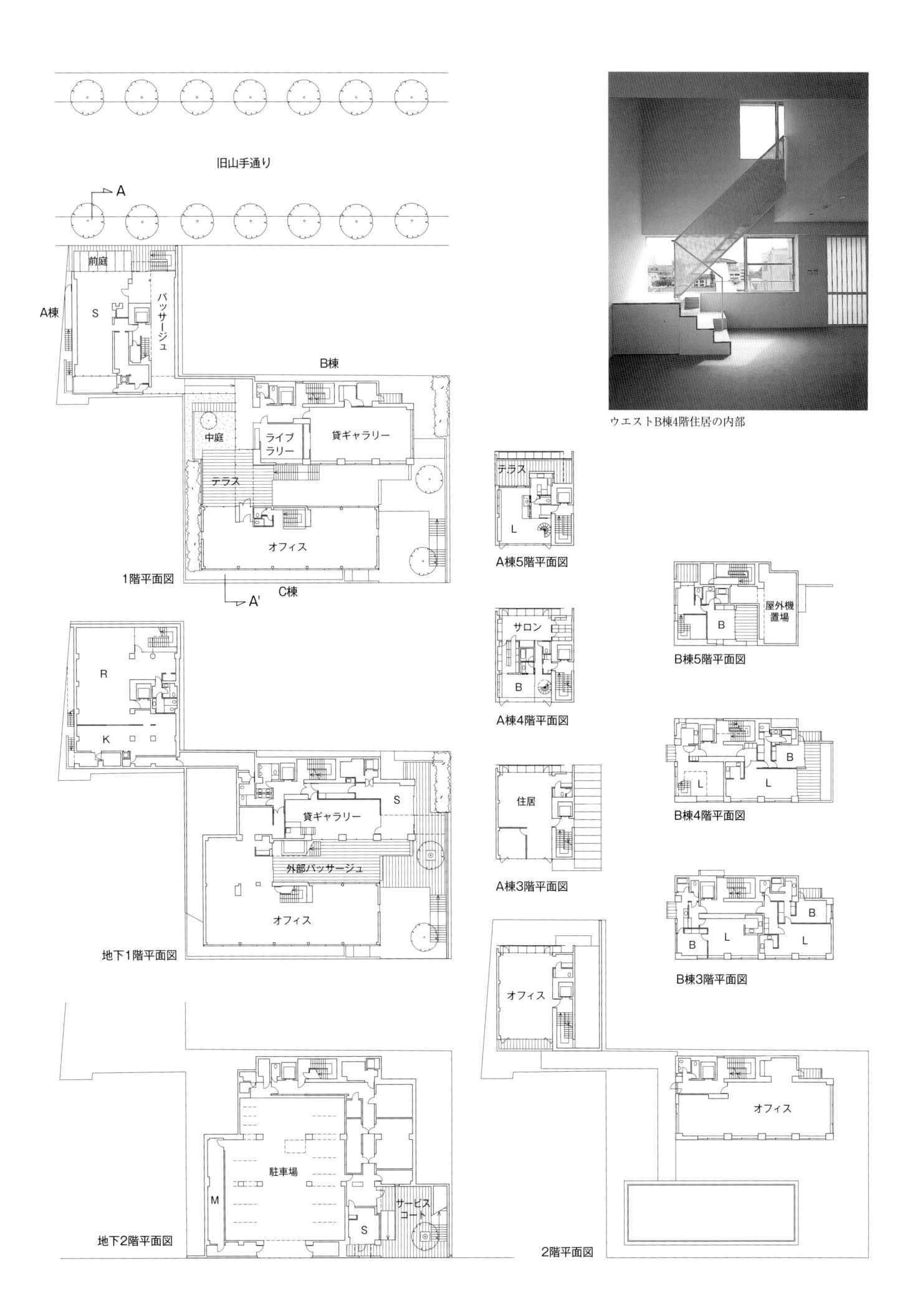

A棟
前庭
S
パッサージュ

B棟
中庭
ライブラリー
貸ギャラリー
テラス
オフィス

1階平面図
C棟

R
K
貸ギャラリー
S
外部パッサージュ
オフィス

地下1階平面図

M
駐車場
サービスコート
S

地下2階平面図

テラス
L
A棟5階平面図

サロン
B
A棟4階平面図

住居
A棟3階平面図

オフィス

2階平面図

屋外機置場
B
B棟5階平面図

B
L
L
B棟4階平面図

B
L
B
L
B棟3階平面図

オフィス

ウエストB棟4階住居の内部

ディテール：ウエストA棟アルミスクリーンと側壁

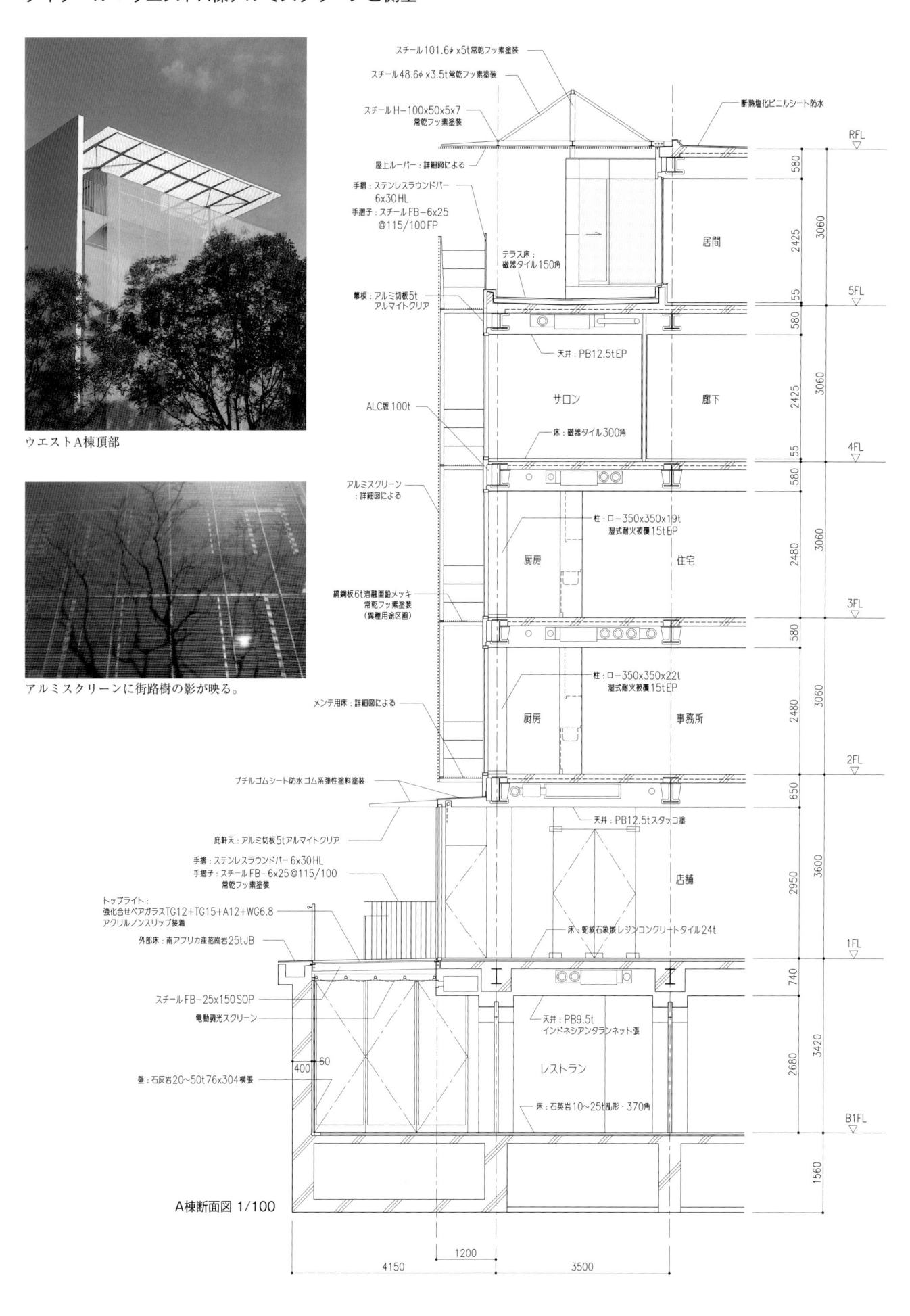

ウエストA棟頂部

アルミスクリーンに街路樹の影が映る。

スチール101.6φ×5t 常乾フッ素塗装
スチール48.6φ×3.5t 常乾フッ素塗装
スチール H-100×50×5×7 常乾フッ素塗装
断熱塩化ビニルシート防水
屋上ルーバー：詳細図による
手摺：ステンレスラウンドバー 6×30HL
手摺子：スチールFB-6×25 @115/100FP
テラス床：磁器タイル150角
幕板：アルミ切板5t アルマイトクリア
天井：PB12.5tEP
ALC版100t
床：磁器タイル300角
アルミスクリーン：詳細図による
柱：ロ-350×350×19t 湿式耐火被覆15tEP
縞鋼板6t 溶融亜鉛メッキ 常乾フッ素塗装 (異種用途区画)
柱：ロ-350×350×22t 湿式耐火被覆15tEP
メンテ用床：詳細図による
ブチルゴムシート防水 ゴム系弾性塗料塗装
天井：PB12.5t スタッコ塗
庇軒天：アルミ切板5tアルマイトクリア
手摺：ステンレスラウンドバー6×30HL
手摺子：スチールFB-6×25@115/100 常乾フッ素塗装
トップライト：強化合せペアガラスTG12+TG15+A12+WG6.8 アクリルノンスリップ接着
外部床：南アフリカ産花崗岩25tJB
床：覚鋲石象嵌 レジンコンクリートタイル24t
スチールFB-25×150 SOP
電動調光スクリーン
天井：PB9.5t インドネシアンタランネット張
壁：石灰岩20〜50t 76×304横張
床：石英岩10〜25t 乱形・370角

居間
サロン
廊下
厨房
住宅
厨房
事務所
店舗
レストラン

RFL
580
2425　3060
5FL
55
580
2425　3060
4FL
55
580
2480　3060
3FL
580
2480　3060
2FL
650
2950　3600
1FL
740
2680　3420
B1FL
1560

4150　1200　3500

A棟断面図 1/100

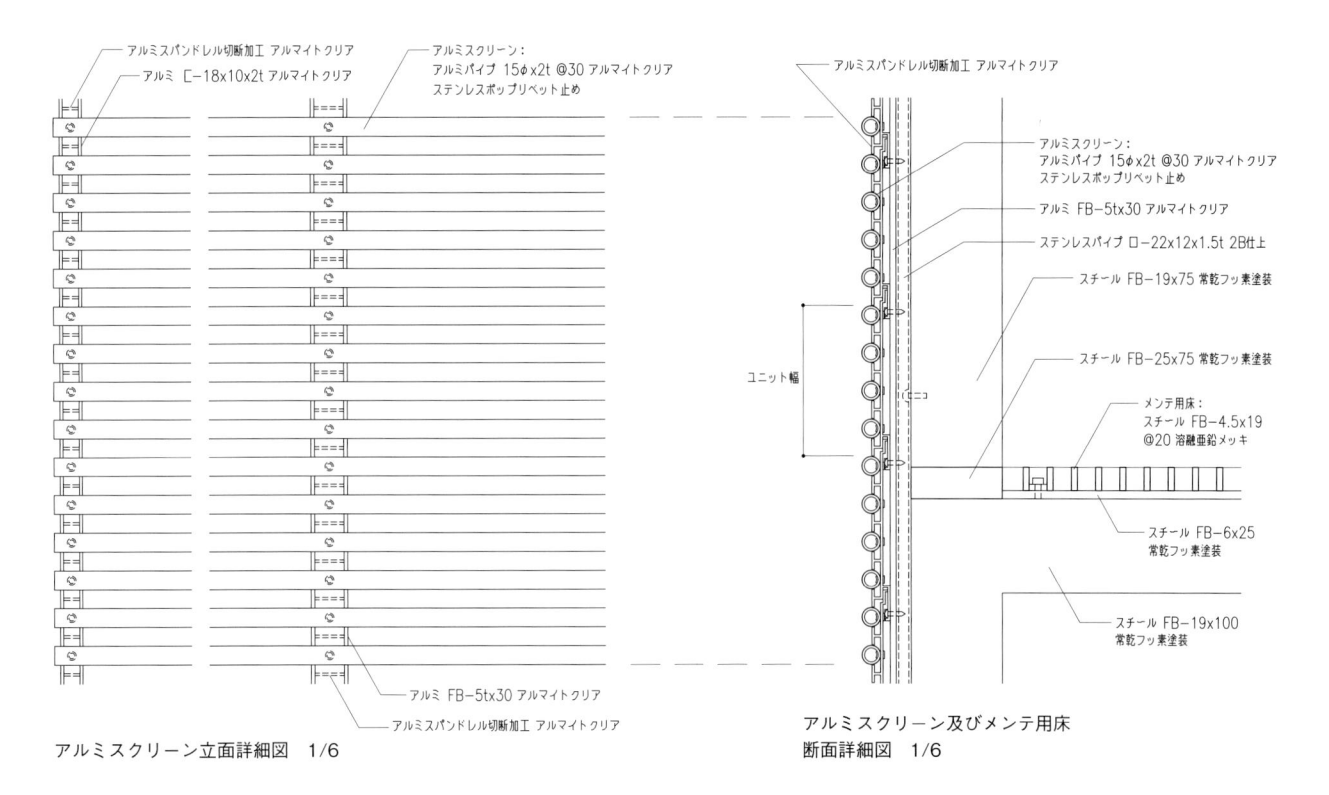

アルミスクリーン立面詳細図　1/6

アルミスクリーン及びメンテ用床
断面詳細図　1/6

アルミスクリーンの取付方法：工場において細幅に切断したスパンドレル材の谷部に15mmφのアルミパイプをリベットで固定し、スパンドレル幅（120mm、アルミパイプ4本）分のユニットにしておき、現場ではスパンドレル張りと同じ要領で下地材に取り付けている。

室内からアルミスクリーン越しに通りを見る。

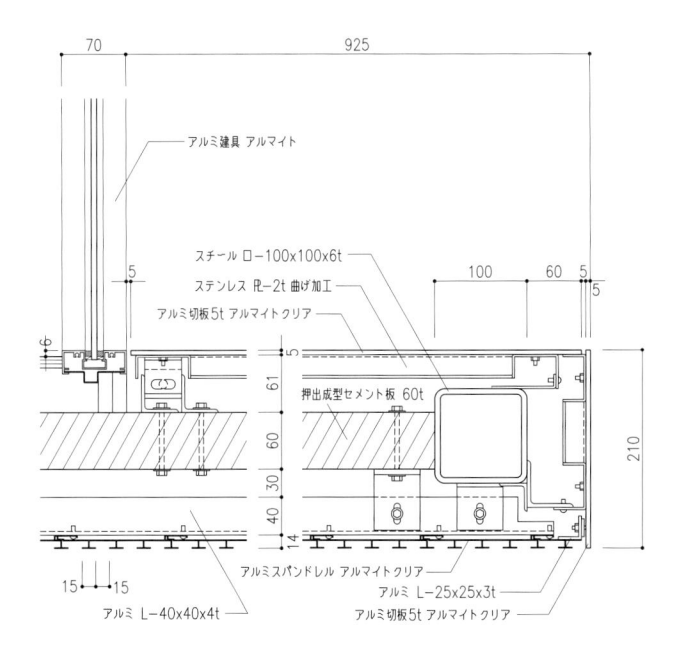

ウエストA棟側部外壁詳細　1/8

ウエストA棟側部詳細

ディテール：ウエストA棟屋上ルーバー

ウエストA棟5階テラス

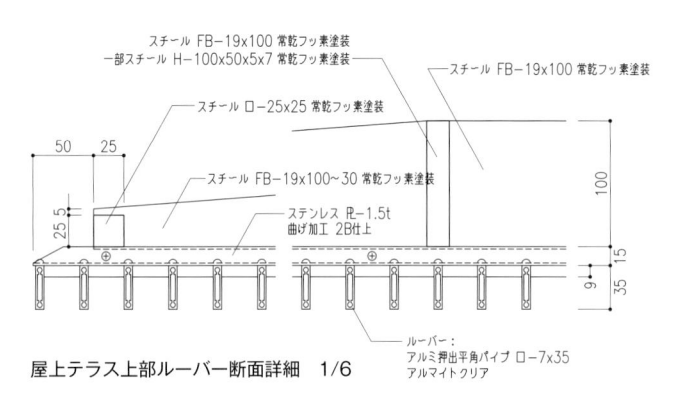

屋上テラス上部ルーバー断面詳細 1/6

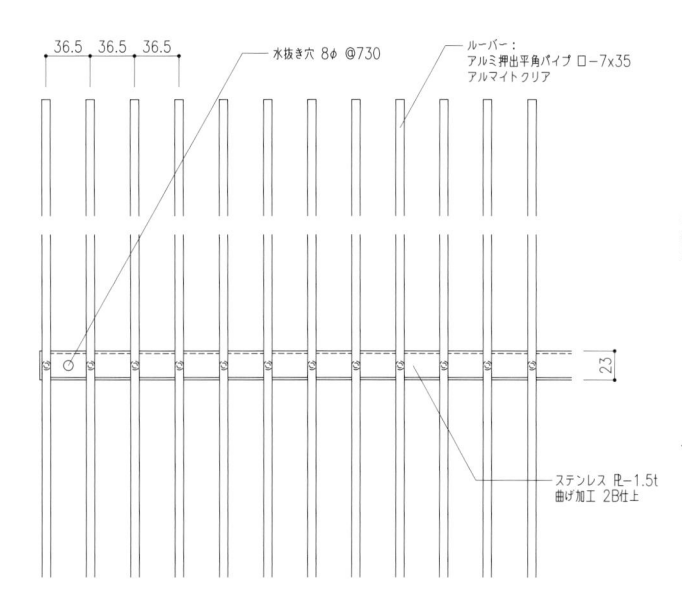

スチール FB-19x100 常乾フッ素塗装
一部スチール H-100x50x5x7 常乾フッ素塗装
スチール FB-19x100 常乾フッ素塗装
スチール ロ-25x25 常乾フッ素塗装
スチール FB-19x100〜30 常乾フッ素塗装
ステンレス PL-1.5t 曲げ加工 2B仕上
ルーバー：アルミ押出平角パイプ ロ-7x35 アルマイトクリア

屋上テラス上部ルーバー見上げ詳細 1/6

水抜き穴 8φ @730
ルーバー：アルミ押出平角パイプ ロ-7x35 アルマイトクリア
ステンレス PL-1.5t 曲げ加工 2B仕上

ディテール：ウエストC棟外壁と横連窓

ウエストC棟外壁詳細

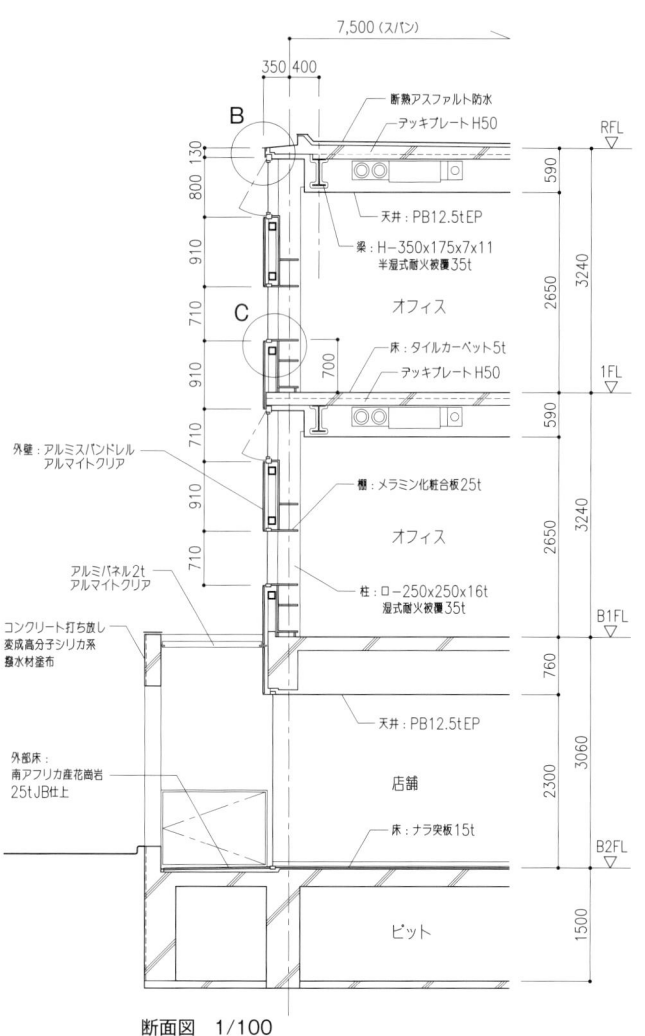

断面図 1/100

断熱アスファルト防水
デッキプレート H50
天井：PB12.5tEP
梁：H-350x175x7x11 半湿式耐火被覆35t
オフィス
床：タイルカーペット5t
デッキプレート H50
外壁：アルミスパンドレル アルマイトクリア
棚：メラミン化粧合板25t
オフィス
アルミパネル2t アルマイトクリア
柱：ロ-250x250x16t 湿式耐火被覆35t
コンクリート打ち放し 変成高分子シリカ系 撥水材塗布
天井：PB12.5tEP
外部床：南アフリカ産花崗岩 25tJB仕上
店舗
床：ナラ突板15t
ピット

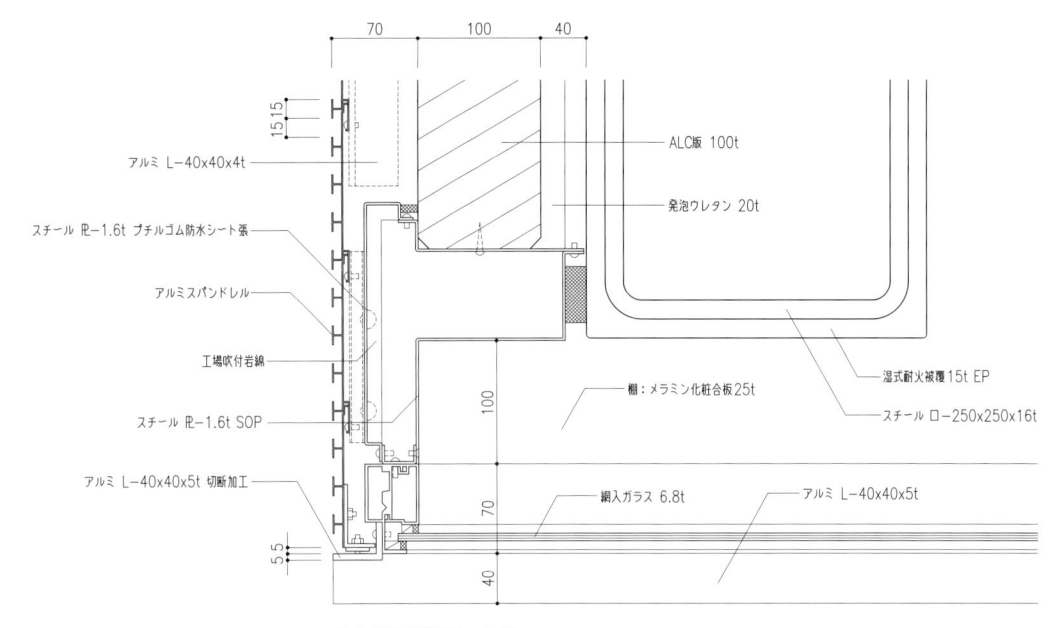

A-A 断面詳細図　1/6

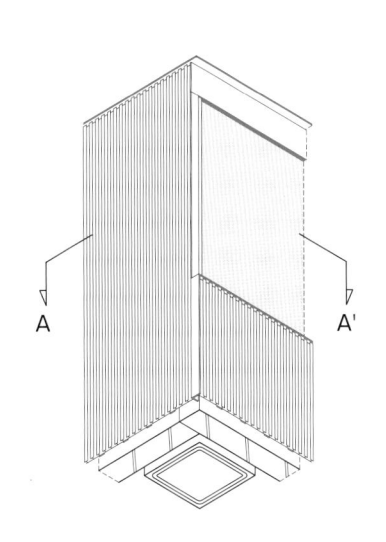

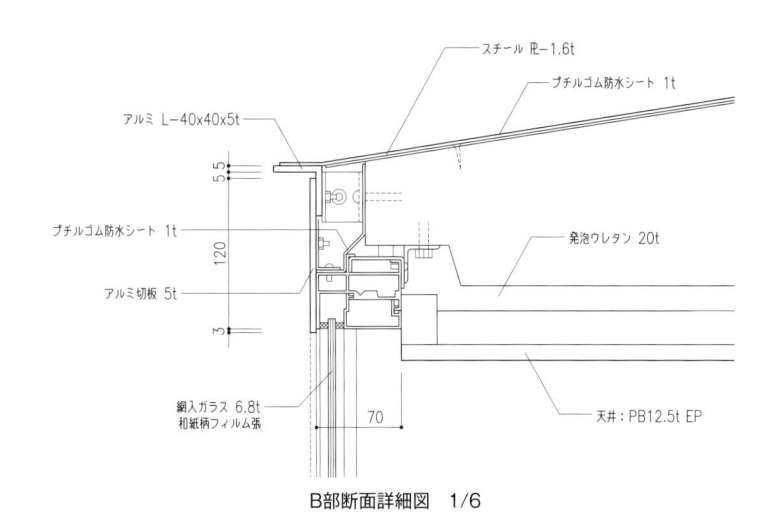

B部断面詳細図　1/6

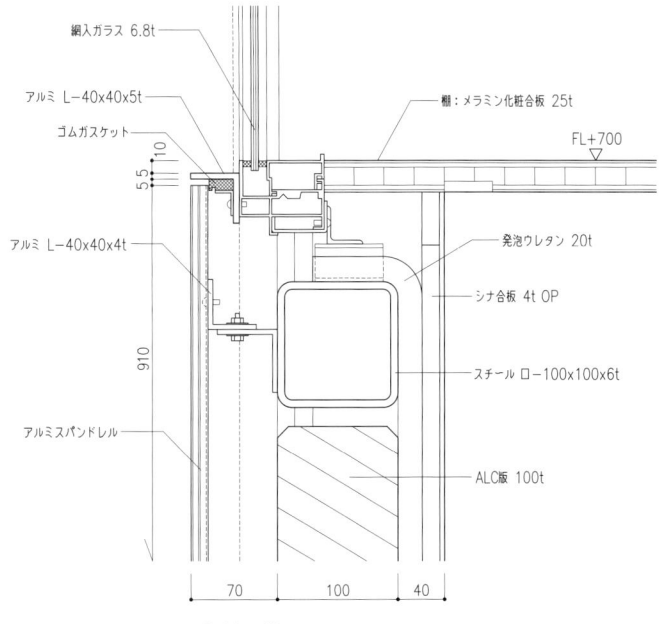

C部断面詳細図　1/6

ウエストC棟内部のオフィス。横連窓の間の壁面には造り付け書棚が設けられている。

資料

※関連文献及び年表は、下記文献を参考に加筆訂正したものである。

「ヒルサイドテラス白書」槇文彦＋アトリエ・ヒルサイド編著/
　住まいの図書館出版局
「ヒルサイドテラス物語」前田礼著/現代企画室
「INAX REPORT」No. 137 1998年12月号/INAX
「代官山地域ステキな街づくりマップ」代官山ステキな街づくり協議会

ヒルサイドテラス関連文献

1969　「代官山集合住居計画第1期工事」『新建築』6912
　　　「代官山集合住居計画1969」『建築文化』6912
　　　『建築』6912
1970　「代官山集合住居計画第1期工事」『都市住宅』7001
　　　　同誌収録「生成建築論」槇文彦 / インタビュアー：平良敬一
　　　「代官山集合住居計画第1期工事」『近代建築』7001
　　　Hillside Terrace Apartment, Phase1, JA 7002
　　　　同誌収録 Fumihiko Maki, *The Theory of Group Form*
　　　　同誌収録 Yuichiro Kojiro, *Fumihiko Maki The Man and His Works*
　　　「特集／'70ショッピングセンター」『商店建築』VOL. 15 No. 1
　　　　（ヒルサイドテラスアパートメント）
　　　　同誌収録「選択ショッピングの代表的建物」宮脇檀
1972　「代官山集合住居計画第2期工事」『建築文化』7210（計画として）
1973　「代官山集合住居計画第2期工事」『新建築』7310
　　　　同誌収録「みち空間と町並み」槇文彦
　　　「代官山集合住居計画第2期工事」『建築文化』7310
1974　*Hillside Terrace Apartments*, JA 7401
　　　　同誌収録 Fumihiko Maki, *Street Space and the Urban Scene*
1976　「討論／都市集合住宅における複合度と都市性」槇文彦・清田育男
　　　　・東孝光・山下和正・浜野安宏　『都市住宅』7606
　　　「座談会／住宅における集合のあり方」槇文彦・内井昭蔵・山下和正
　　　　・伊藤哲夫　　『新建築』7603
　　　「町と集合住居」槇文彦　「季刊カラム」No. 60
1978　「代官山集合住居計画第3期工事」『新建築』7804
　　　　同誌収録「槇文彦論」磯崎新
　　　　同誌収録「遠くからみた＜代官山集合住居計画＞－代官山の3つ
　　　　の計画を通して－」槇文彦
　　　「代官山集合住居計画第3期工事」『建築文化』7804
　　　　同誌収録「代官山随想」曽根幸一
　　　「特集／代官山集合住居計画1969-78」『都市住宅』7804
　　　　同誌収録「再び風景の構想化について」槇文彦
　　　　同誌収録「ルポルタージューヒルサイドテラス変遷記」隈研吾
　　　　同誌収録「ヒルサイドテラスの風景－槇文彦のアーバン・デザイ
　　　　ンと集合住居、そして10年」黒沢隆
　　　　同誌収録「デザインの質と物の質」エンドウ・プランニング
　　　「代官山集合住居計画第3期」『日経アーキテクチュア』780403号
　　　「集合住宅における集合店舗の計画について」『店舗と建築』No. 11
　　　　7809（ヒルサイドテラス）
　　　「日本の現代建築」『新建築』11月臨時増刊
　　　「代官山ヒルサイド・ストリート」『芸術新潮』7812
1979　「特集／槇文彦＋槇総合計画事務所」『SD』7906
　　　　（代官山集合住居、在日デンマーク大使館）
　　　「日本と欧米の空間概念の特性について」槇文彦『建築知識』7909
　　　Hillside Terrace Apartments, Phase3, Royal Danish Embassy in Tokyo,
　　　Special Feature / Fumihiko Maki, JA 7905
　　　　同誌収録 Marc Treib, *Scenario for a Place : Hillside Terrace Mixed-*
　　　use Development Daikanyama, Tokyo 1969-78
1980　「在日デンマーク大使館/大使館公邸のエントランス」『ディテール』
　　　　No. 63 8001
　　　「在日デンマーク大使館」『新建築』8003
　　　「デンマーク大使館」『日経アーキテクチュア』800303号
　　　Royal Danish Embassy in Tokyo, JA 8006
　　　「"芸術大賞"の街－代官山ヒルサイド・ストリート」『週間新潮』
　　　　800605
1982　「特集／再点検＜集合住宅1968-1982＞」『建築知識』8210（代官山
　　　　ヒルサイドテラス）
　　　　同誌収録「都市景観としての集合住宅」小川正光、沢瀬哲雄、蓮佛洋
1986　「特集／槇文彦1979－1986」『SD』8601（ヒルサイドプラザ、在日デ
　　　　ンマーク大使館）
　　　「ヒルサイドテラス-アネックス」『建築文化』8603
　　　「ヒルサイドテラス・アネックス」『GA Houses』20
　　　「特集／代官山」『とうよこ沿線』8609
1987　「建築・デザイン－穏やかな町づくりの継続」植田実『読売新聞』
　　　　870727
　　　Fumihiko Maki : Une poetique de la fragmentation, Electa Moniteur
1988　「有名建築その後－代官山集合住居計画」『日経アーキテクチュア』
　　　　880111号

1988　「特集/代官山・恵比寿エリア」『Hanako』881103号
　　　　Fumihiko Maki : An aesthetic of fragmentation, Rizzoli International Publications, Inc.
1990　『太陽』9008の「建築50選－1951-90」に選ばれる
　　　　「特集/都市と集合体－槇総合計画事務所」『建築文化』9006（第6期をプロジェクトとして）
　　　　Hillside Terrace Complex, Special Edition / Fumihiko Maki, JA 9008/09
1991　「建築20世紀PART1」『新建築』1月臨時増刊
　　　　Hillside Complex, Phase6, CASABELLA 581 July-August 1991
1992　「第6期が5月に完成－ヒルサイドテラス国際色豊かな構成」『繊研新聞』920204
　　　　「ヒルサイドテラス」『日経アーキテクチュア』920525号
　　　　「特集/ヒルサイドテラス」『新建築』9206
　　　　　同誌掲載「時と風景一東京へのオマージュ」槇文彦
　　　　　同誌掲載「時が刻む豊かさ」植田実
　　　　「ヒルサイドテラス第6期」『建築文化』9206
　　　　　同誌掲載「鼎談・時がつくる風景－ヒルサイドテラスの25年」槇文彦・元倉眞琴・竹山聖
　　　　「朝倉美術館」紹介記事『東京ウォーカー』920602号
　　　　「たてもの図鑑－ヒルサイドテラス四半世紀にわたる街づくり」『産経新聞』920611
　　　　「Close up－ヒルサイドテラスの25年－槇文彦さんの都市計画完成」『室内』9207
　　　　「遠くから見た＜代官山集合住居計画＞」『記憶の形象』槇文彦著/筑摩書房（初出『新建築』7804）
　　　　「建築－ヒルサイドテラス四半世紀の多彩な手法」『読売新聞』921218
　　　　自費出版『Hillside Terrace 25』刊行
　　　　Rene Paul, *Hillside Terrace in Tokio, 1967-1992*, Werk.Bauen+Wohnen, Dezember 1992
1993　「特集/槇文彦1987-1992」『SD』9301（ヒルサイドテラス）
　　　　「ヒルサイドテラス第6期」『JA』93-1
　　　　「ヒルサイドテラス第6期」『GA JAPAN』02
　　　　　同誌収録「集合と風景」槇文彦
　　　　1967-1992:LA STRADA DI FUMIHIKO MAKI, ABITARE 314 Gennaio 1993
　　　　張在元『東京輿城市設計　第一巻　槇文彦：代官山集合住宅街區』香港建築輿城市出版社有限公司、上海同濟大學出版社
　　　　Fumihiko Maki for the Hillside Terrace Complex Tokyo, Japan 1967-1992, The Third Prince of Wales Prize in Urban Design, The Harvard University Graduate School of design
　　　　Hiroshi Watanabe, *Hillside Terrace, Tokyo*, domus 746, Febbraio 1993
1994　「ヒルサイドテラス第6期」『JA』94-4
　　　　　同誌収録「集合体に関するノート」槇文彦
　　　　　同誌収録「（継続する）集合体の研究：ヒルサイドテラスにおける槇の四半世紀」アレックス・クリーガー
　　　　「特集/恵比寿・代官山」『Hanako』941110号
1995　「現代日本のハウジングプロジェクト」『Glass&Architecture』1995夏号
　　　　『ヒルサイドテラス白書』（住まい学大系/071）
　　　　槇文彦十アトリエ・ヒルサイド編著/住まいの図書館出版局
　　　　Phoebe Chow, *Tokyo evolution*, THE ARCHITECTURAL REVIEW, June 1995
　　　　『トポスの復権展カタログ（1～3）』同展事務局編集（95, 96, 97）
1996　『代官山ステキ発見マップ』代官山ステキ発見実行委員会
　　　　「今昔訪ね歩き、代官山　案内人槇文彦」『Let's』9602
1997　『ヒルサイドテラス30周年記念〈場所の状態：フランス文化省パブリックアートの記録〉日本展カタログ』同展実行委員会
　　　　Fumihiko Maki: buildings and projects, Princeton Architectural Press
1998　「特集/代官山ヒルサイドテラス」『造景』No. 14/建築資料研究社
　　　　「特集/モダニズムの軌跡-11 槇文彦」『INAX REPORT』No. 137 9812（代官山ヒルサイドテラス）
　　　　　同誌収録「槇先生への手紙」原広司
　　　　　同誌収録「スケール感と場所性と…。」槇文彦vs内井昭蔵
1999　『メセナ白書』企業メセナ協議会編著/ダイヤモンド社
　　　　「ヒルサイドウエスト」『日経アーキテクチュア』990419号
　　　　「群造形からヒルサイドテラスへ」槇文彦『JIAニュース』9904

1999　「ヒルサイドウエスト」『新建築』9905
　　　　　同誌収録「時と風景-2 ＜ヒルサイドテラス＞から＜ヒルサイドウエスト＞へ」槇文彦
　　　　「都市空間の可能性」千葉学『A+U』9907
　　　　「ヒルサイドウエスト」『GA JAPAN』38
　　　　　同誌収録「新現代建築を考える○と×：ヒルサイドテラス第1～7期」槇文彦、隈研吾、二川幸夫
　　　　　同誌収録「クライアント登場22：朝倉健吾」
　　　　　同誌収録「ヒルサイドテラスの家具」藤江和子
　　　　「代官山ヒルサイド物語」植田実『東京人』9910
　　　　Naomi Pollock, *Building Tokyo*, International Herald Tribune, January 9-10, 1999
　　　　Karine Dana, *complexe de longements et d'equipements*, amc, Juin-Juillet 1999
　　　　『代官山インスタレーションパンフレット』代官山インスタレーション実行委員会事務局　1999, 2000
　　　　『代官山ステキガイドブック』代官山ステキガイド委員会　99, 00, 01, 02
2000　『代官山再開発物語－まちづくりの技と心』赤池学著/大平社
　　　　「特集/槇文彦1993-1999」『SD』0001（ヒルサイドウエスト）
　　　　　同誌収録「対談 街並みとしてのヒルサイドテラス/ウエストの解読」門内輝行×槇文彦
　　　　「世界文化賞受賞　槇文彦さんの原点」朝倉健吾『慶應義塾幼稚舎同窓会報』2000年2月第174号
　　　　「ヒルサイドテラスJIA25年賞受賞」『建設通信新聞』000929
　　　　「第3回JIA25年賞」『JIAニュース』0011
　　　　Buro-, Wohn- und Geschaftsgebaude in Tokio, DETAIL, 2000-3
2001　「集合住宅をユニットから考える」渡辺真理+木下庸子『新建築』0103（ヒルサイドウエスト）
　　　　「メタボリズム/1960 群造形の軌跡」槇文彦『季刊大林』NO. 48
　　　　Office and Commercial Building in Tokyo, Building Skins, Birkhauser Edition Detail, 2001
　　　　Teruyuki Monnai, *HILLSIDE TERRACE : Modernism and the Construction of the Townscape*, On Maki Architecture/ Maki On Architecture, Fumihiko Maki Traveling Exhibition Exective Committee, 2001
2002　「事例/ヒルサイドテラスのデザインプロセス」門内輝行『第5回設計方法シンポジウム　人間-環境系のデザインプロセス』020123/日本建築学会
　　　　『代官山ステキな街づくり進行中』岩橋謹次著/繊研新聞社
　　　　『ヒルサイドテラス物語－朝倉家と代官山のまちづくり』前田礼著/現代企画室
　　　　「インタビュー：代官山からロンドンへ」槇文彦『国際交流』2002年第95号
　　　　「伝統が息づく都市開発」ロナルド・E・ラボイエ『Urban Land Japan』2002冬号/ULI-the Urban Land Institute
2003　「代官山ヒルサイドテラス物語」五十嵐太郎『Casa Brutus』0312/マガジンハウス
　　　　「ヒルサイドテラス/プロジェクトにおける外部空間の形成」槇文彦『都市＋デザイン』19号/(財)都市づくりパブリックデザインセンター
2004　「私のベストディテール」元倉眞琴『日経アーキテクチュア』040726号（ヒルサイドテラスA棟・B棟）
　　　　『集合住宅物語』植田実著/みすず書房
　　　　Jeff Koehler, *Tokyo Designer's Block*, dwell Jan/Feb, 2004
2005　「文化遺産としてのモダニズム建築DOCOMOMO100選」『JA』05 SPRING（ヒルサイドテラス第1期）
　　　　「名住宅ダブルクリック011 ヒルサイドテラス朝倉邸」米山勇、小野正弘『住宅特集』0510
　　　　『TITLE』0510/文芸春秋 にインタビュー記事
　　　　「群造形と現在、その45年の軌跡」槇文彦『メタボリズムとメタボリストたち』美術出版社
2006　「建築家のこころtoかたち 槇文彦 ヒルサイドテラスは生きている」『ミセス』0601

ヒルサイドテラス関連年表

	出来事	代官山とその周辺
1918	●旧朝倉邸（現重要文化財）建設開始（1920年完成）	●渋沢栄一による田園調布開発
1920		●渋谷駅ほぼ現在地に移転／山手線高架化
1923		●関東大震災
1927		●東急東横線開通
1929		●三田用水暗渠工事開始
1930		●同潤会代官山アパート完成
1933		●帝都電鉄線開通
1934		●東急東横店オープン
1936	●(資)猿楽興業（朝倉不動産(株)の前身）	
1938		●地下鉄銀座線渋谷乗り入れ
1944	●朝倉虎治郎逝去	
1945		●第二次世界大戦終戦
1955		●東急代官山アパート完成
1957		●東急文化会館オープン
1964		●地下鉄日比谷線全線開通
1965	●槇総合計画事務所設立	
1967	●朝倉家と槇文彦の出会い ●(株)朝倉商会設立	●小川軒オープン 東急百貨店本店オープン
1968	●A・B棟着工	エジプト・アラブ共和国大使館開館／西武百貨店オープン
1969	●A・B棟完成(第1期計画) ●第1回サイン計画(栗津潔) ●A棟に「クラフト朝倉」オープン	光化学スモッグ東京に発生
1970		●猿楽交番前に横断歩道橋新設
1971	●テナント親睦会結成	●マレーシア大使館開館／首都高速3号線東名直結
1972	●C棟着工	●代官山プラザビル完成／東急タワーアパート完成
1973	●C棟完成(第2期計画) ●C棟タイルデザイン(栗津潔) ●朝倉不動産(株)設立	
1974	●ヒルサイド関係者によって(株)アトリエ・ヒルサイド設立 ●プレゼンテーション・ショップ「BENFATTO」オープン ●ワンダーランドファニチャー「パネコ」開発販売	
1975	●テナント親睦会が発展的解消し、ヒルサイドテラス・テナント会が誕生 ●(株)アスピ設立	●キングホームズ完成
1976	●ヒルサイドテラスD・E棟着工 ●第1回代官山交歓バザール開催	●セネガル大使館開館
1977	●D・E棟完成(第3期計画) ●第2回代官山交歓バザール開催 ●小集会スペースとしてE棟ロビーがオープン。猿楽塚を整備。 ●朝倉誠一郎逝去 ●第2回サイン計画(太田幸夫SDA賞受賞) ●案内パンフレット「ヒルサイドテラスのご案内」発行 ●D棟前に彫刻「SPIRAL」(脇田愛次郎)設置	●D棟前に横断歩道と信号機新設 ●新玉川線開通
1978	●デンマーク大使館着工 ●第3回代官山交歓バザール開催 ●常磐木オープン ●D棟前にポスト新設	●東急ハンズオープン
1979	●デンマーク大使館完成 ●デンマーク女王陛下来日、レンガ屋の味を堪能	●BIGI本社ビル完成
1980	●第5回代官山交歓バザール開催	
1981	●第6回代官山交歓バザール開催	
1982	●第7回代官山交歓バザール開催 ●ヒルサイドテラス・テナント会解散 ●第1回SDレビュー始まる	
1983	●常磐木、代官山へ移転	
1984	●アネックス着工(設計/元倉眞琴) ●ヒルサイドギャラリー企画展始まる ●川俣正展「工事中」	●東急田園都市線全線開通
1985	●ヒルサイドアネックス完成(第4期計画)	
1986	●ヒルサイドプラザ着工	●代官山駅仮駅へ移設／代官山商店会発足 ●エジプト・アラブ共和国大使館新装開館
1987	●ヒルサイドプラザ完成(第5期計画) ●ヒルサイド有料駐車場完成 ●第3回サイン計画(太田幸夫・元倉眞琴) ●ヒルサイド旗制作(栗津潔) ●SDレビュー、プラザに移る ●プラザ完成記念講演会(槇文彦+植田実/司会・北川フラム) ●テナントとの窓口、(株)新都市研究開発設立	●渋谷LOFTオープン
1988	●ヒルサイドプラザ・サロンコンサート始まる（以後、毎年2～3回開催）	●旧山手通りにパーキングメーター設置
1989		●東急文化村オープン

	出来事	代官山とその周辺
1990	●テナント親睦会復活	●代官山新駅舎オープン
1991	●F・G・H棟着工 ●SDレビュー10周年記念講演会 　(槇文彦十原広司/司会・團紀彦　KIビルにて)	●マレーシア大使館新装開館
1992	●F・G・H棟完成(第6期計画) ●F棟モザイク壁画「垂直の夢」(宇佐美圭司)設置 ●第6期計画のサイン(矢萩喜従郎) ●「アート・イン・ヒルサイドテラス」スタート ●ヒルサイドテラスの25年展 ●マリノ・マリーニ展	
1993	●クリスト展 ●シャガール展	
1994	●第4回サイン計画(アスピ、元倉眞琴) ●ピカソ・シャガール・バスキア展	●恵比寿ガーデンプレイスオープン
1995	●トポスの復権展(95,96,97) ●クリスト&ジャンヌ=クロニド展	●阪神淡路大震災
1996	●「生きられた同潤会代官山アパート」シンポジウム ●茶室「猿楽庵」完成 ●猿楽塚鳥居完成 ●環の会「環境とデザイン会」展 ●代官山アートフェア(以後毎年開催)	●同潤会代官山アパート解体に伴うイベント 　「さよなら同潤会アパート1927展」「再生と記憶」 　「代官山ステキ発見フォトコンテスト」 ●「代官山ステキ委員会」発足 ●埼京線恵比寿駅まで延伸
1997	●ヒルサイドテラス30周年記念事業(11月〜98年5月) ●場所の状態：フランス文化省 　パブリックアートプロジェクトの記録日本展 ●ブルガリア文化フェスティバル・ブルガリア現代美術展 ●アントニオ・ガウディ展 ●ヒルサイドテラス30の夕べ ●槇文彦展：風景の構築 ●ヒルサイドウエスト着工	●代官山地区市街地再開発事業スタート
1998	●ヒルサイドウエスト竣工 ●キューバ現代美術館展 ●オーストラリア現代建築展	
1999	●トム・シャノン展 ●ハーバードGSDレビュー ●ショパン　ポーランド・日本展	●第1回「代官山インスタレーション」
2000	●スロヴェニア・グラフィックアート展 ●中谷宇吉郎生誕百周年記念「科学の心と芸術」 ●高橋悠治企画「パンと音楽」	●代官山アドレス完成 ●渋谷マークシティ完成 ●ビル建替えに伴う高層化計画が持ち上がる
2001	●「代官山アカデミア」開講 ●柳澤紀子展 ●日本・ヨーロッパ建築の新潮流 ●安田侃展 ●第1回ヒルサイドテラス音楽祭	●「代官山地域の良好な生活環境を守る会」発足 ●第2回「代官山インスタレーション」 ●東急セルリアンタワー完成
2002	●ヒルサイドテラス35周年宗教法人猿楽神社設立 　最初の例大祭挙行 ●「槇文彦−モダニティと風景の構築」展 ●ジョゼ・デ・ギマランイス展	●「旧朝倉邸と庭園」の本格的な保存運動開始 　東京大学鈴木博之教授に調査を依頼 ●中目黒GT完成
2003	●第1期が「文化遺産としてのモダニズム建築DOCOMOMO100選」 　(日本)に選出される ●「河口龍夫・大地と水と植物」展 ●「トーマス・ヘルツォーク−建築＋テクノロジー」展 ●オーストラリア芸術祭2003 　「アボリジニ現代美術展—精霊たちのふるさと」 ●KIRIN ART AWARD 2003 受賞作品展 ●第2回ヒルサイドテラス音楽祭	●「旧朝倉邸と庭園」の見学会とシンポジウムを開催 ●「代官山の明日を考える会」準備会スタート ●第3回「代官山インスタレーション」
2004	●代官山アートフェアを猿楽神社の例大祭にあわせて「猿楽祭」 　として開催 ●シェル美術賞展 ●American Wood Design Awards Exhibition 2004 ●SOM Evolutions: Recent Works by Skidomore, Owings, and Merrill ●「環太平洋楽コンサート」(猿楽祭)	●「旧朝倉邸と庭園」が国の重要文化財に指定される ●「代官山ステキな街づくり協議会」(代スキ会) 発足 ●準備会の段階で旧山手通りの建築物絶対高さを20メートルとする要望書 　を渋谷区に提出 ●「旧山手通り地区地区計画」策定される
2005	●「日本におけるドイツ年」の一環として「ドイツ・デザイン・プロジェクト・イ 　ン・ヒルサイドテラス」開催。年間を通じて、「ドイツ・デザインラボ」 　「moDe!ドイツ新世代のファッションデザイナーとそのスタイル」「クーゲ 　ルブリッツ−日独コミックアート展」「ベルリン・デザインマイ−若いドイ 　ツってなに」「デザインブック・カフェ」等が実行される。 ●「Spain Loves Japan−スペインより愛をこめて」 ●「ヨーロッパ・アジア・パシフィック建築の新潮流」 ●第3回ヒルサイドテラス音楽祭	●「旧朝倉邸と庭園」渋谷区が管理団体となり一般公開に向けて始動 ●「代官山地域ステキな街づくりマップ」作成 ●第4回「代官山インスタレーション」

ヒルサイドテラス関係者一覧

(オーナー関係)

朝倉徳道 朝倉不動産株式会社代表取締役

朝倉健吾 朝倉不動産株式会社専務取締役

水上一 ㈱新都市研究開発代表取締役
テナントの窓口
ヒルサイドテラスの維持管理

(設計関係)

槇文彦 ㈱槇総合計画事務所代表
ヒルサイドテラス/ウエスト設計者
デンマーク大使館設計者

元倉眞琴 東北芸術工科大学教授/㈱スタジオ建築計画代表
第4期(ヒルサイドテラスアネックスA・B棟)設計者
ヒルサイドテラスのサイン計画、維持管理

(イベントプロデュース)

岩橋謹次 ㈱アスピ代表取締役
ヒルサイドテラスサイン計画
イベントプロデュース

北川フラム ㈱アートフロントギャラリー代表
アート・オリエンテーリング
イベントプロデュース

(美術品)

宇佐美圭司 「垂直の夢」(モザイク壁画/F棟池)

脇田愛次郎 「SPIRAL」(彫刻/D棟階段上)

菊畑茂久馬 「無題」(彫刻/C棟バンケット前)

マリナ・アブラモビッチ 「CHAIR WITH HAT」(彫刻/F棟池)

岡崎乾二郎 「1890」(彫刻/H棟脇小広場)

受賞歴

1973 槇文彦、24回芸術選奨文部大臣賞
(代官山集合住居Ⅰ～Ⅱに対して)

1980 槇文彦、第12回日本芸術大賞
(ヒルサイドテラスⅠ～Ⅲに対して)

1993 槇文彦、第3回プリンス・オブ・ウェールズ都市計画賞
(米ハーバード大学大学院よりヒルサイドテラスⅠ～Ⅵに対して)

1999 朝倉不動産㈱、第7回メセナ大賞
(代官山ヒルサイドテラスにおける文化活動に対して)

2000 朝倉不動産㈱・建築家槇文彦・㈱竹中工務店、第3回JIA25年賞2000
(ヒルサイドテラスに対して)

設計・工事担当者一覧

第1期(A・B棟)
- 建築設計　槇総合計画事務所
- 建築担当　尾崎保、小野正弘、志田巌、渡辺泰男、波部玲子
- 構造設計　山杞設計
- 設備設計　都市設備設計事務所
- サイン　　粟津潔：コーナープラザ塔/美容室扉/B棟ファサード
- 施工　　　竹中工務店

第2期(C棟)
- 建築設計　槇総合計画事務所
- 建築担当　小野正弘、渡辺洋、田中文子、吉崎存亮
- 構造設計　山杞設計
- 設備設計　桜井建築設備研究所
- サイン　　粟津潔：中庭床パターン/陶製スツール
- ユニット家具　遠藤精一
- 施工　　　竹中工務店

第3期(D・E棟)
- 建築設計　槇総合計画事務所
- 建築担当　渋谷盛和、志田巌、尾崎和則、元倉眞琴、小林洋子、尾崎文子、渡辺英二
- 構造設計　青木繁研究室
- 設備設計　総合設備計画
- サイン　　アスピ、元倉眞琴
- 施工　　　竹中工務店

デンマーク大使館
- 建築設計　槇総合計画事務所
- 建築担当　小沢明、岡本聖司、渡辺英二、山本圭介、大野秀敏、上原成也
- 構造設計　青木繁研究室
- 設備設計　総合設備計画
- 家具　　　デンマーク王国外務省
- 施工　　　竹中工務店

第4期(アネックスA・B棟)
- 建築設計　スタジオ建築計画
- 建築担当　元倉眞琴、杉千春
- 構造設計　小島建築構造設計事務所
- 設備設計　スタジオ建築計画
- 施工　　　竹中工務店

第5期(ヒルサイドプラザ)
- 建築設計　槇総合計画事務所
- 建築担当　志田巌、上西勝、吉崎存亮
- 構造設計　花輪建築構造事務所
- 設備設計　総合設備計画
- 音響設計　永田穂建築音響設計事務所
- サイン　　スタジオ建築計画＋太田幸夫
- 施工　　　竹中工務店

第6期(F・G・H棟)
- 建築設計　槇総合計画事務所
- 建築担当　志田巌、尾崎和則、渡辺英二、戸室令子、吉崎存亮、久高実
- 構造設計　青木繁研究室
- 設備設計　総合設備計画
- F棟和食店　廣田豊
- モザイク壁画　宇佐美圭司
- サイン　　矢萩喜従郎
- 家具　　　藤江和子：ベンチ/カフェカウンター/テーブル
- 施工　　　竹中工務店

ヒルサイドウエスト(A・B・C棟)
- 建築設計　槇総合計画事務所
- 建築担当　志田巌、水井敬、吉崎存亮、高田広美、徳重敦史、緑川雅之
- 構造設計　コジマ設計
- 設備設計　総合設備計画
- カフェ内装　藤江和子
- A棟レストラン　杉千春/プラネットワークス
- A棟住宅内装　高橋真奈美/プラネットワークス
- 施工　　　竹中工務店

あとがき

「ヒルサイドテラス＋ウエストの世界」は過去30年以上にわたってこれらの建築群とそれを取り巻く代官山周辺の移り変わりを辿った報告であり、一つの記録である。往々にして多くの建築はそれらが建設された直後の有様は写真、図面或いは文章として残されているが、その後のことはそこにかかわった関係者以外はあまり知られない場合がほとんどである。

もしもこの本が、希有な記録であったとするならば、それはコミュニティの形成という常に進行形のかたちで、我々がその成熟度を計ることができると同時に、それらを報告していくことが社会的にも充分価値のある行為であり得たからである。

ここにおさめられた多くの写真は、竣工写真だけでなく、月日が変わっても常に新鮮であり続けた様々なできごとや情景を併せて写し出している。

従ってこの本は、この30年間、この世界の展開にかかわってきた多くの関係者、人々すべての共著であるといってよいと思う。そうした中で、まずこうしたユニークな記録を可能にしたプロジェクトの施主である朝倉家の方々がこの地域、そしてヒルサイドテラスの形成に示された情熱と愛情にあらためて敬意を表したいと思う。

そして今回この本の出版にあたっては、SDレビューなどを通じてヒルサイドテラスとの縁の深い鹿島出版会、特に担当の相川幸二さんには色々こちらの我儘をきいて戴いたことに対し御礼を申し上げたい。

また当事務所においては、その編集の過程において多くの時間と労力を注いでくれた、元所員大沼徹さん、そしてヒルサイドテラスとウエストのすべてのフェイズの仕事において中心的役割を果たしてくれた志田巌さん、この二人にあらためて深い感謝の意を表したい。

         2005年師走　槇 文彦

執筆者略歴

元倉眞琴（もとくら まこと）　1946年千葉県生まれ。東京芸術大学大学院修了。槇総合計画事務所を経て、1980年スタジオ建築計画設立、1998年より東北芸術工科大学教授。主な作品に、熊本県営竜蛇平団地、朝日町エコミュージアムコアセンター創遊館、東雲キャナルコートCODAN6街区ほか。主な著書に、「アーバンファサード」（住まいの図書館出版局）、「ハウジング・コンプレックス－集住の多様な展開」（共著、彰国社）、「集まって住む」（インデックス・コミュニケーションズ）、ほか。2017年逝去。

前田 礼（まえだ れい）　1962年横浜市生まれ。東京大学大学院修了。アートフロントギャラリーにて、展覧会やプロジェクトの企画・コーディネートに関わる。主な著書に、「ヒルサイドテラス物語」（現代企画室）、共訳書に「俺は書きたいことを書く」（現代企画室）、ほか。

五十嵐太郎（いがらし たろう）　1967年パリ生まれ。東京大学大学院修了。中部大学助教授、東北大学助教授を経て、2009年より東北大学大学院教授、工学博士。2014年文化庁芸術選奨文部科学大臣新人賞受賞。主な著書に、「終りの建築／始まりの建築」（INAX出版）、「新宗教と巨大建築」（講談社）、「戦争と建築」（晶文社）、「過防備都市」（中央公論新社）、「世界の名建築」（光文社）、ほか。

植田 実（うえだ まこと）　1935年東京都生まれ。早稲田大学第一文学部卒業。「建築」編集スタッフ、「都市住宅」編集長などを経て、現在、住まいの図書館出版局編集長。2003年度日本建築学会文化賞受賞。主な著書に、「ジャパン・ハウス－打放しコンクリート住宅の現在」（グラフィック社）、「真夜中の家－絵本空間論」（住まいの図書館出版局）、「アパートメント」（平凡社）、「集合住宅物語」、「集合住宅30講」（みすず書房）、ほか。

ロナルド・E. ラボイエ　1964年米国生まれ。コーネル大学大学院修了。アゴラ・ディベロップメント・グループ会長、リーマンブラザーズ・グローバル・コマーシャル・リアル・エステート・ジャパン副社長。主に不動産開発や事業開発に従事する。アーバンランドインスティテュート日本支部運営委員としても活躍するほか、日本や海外の新聞などにも多数執筆する。

門内輝行（もんない てるゆき）　1950年岡山県生まれ。京都大学卒業、東京大学大学院修了。早稲田大学教授を経て、2004年より京都大学大学院教授、2016年より大阪芸術大学教授、京都大学名誉教授、工学博士。1998年日本建築学会賞（論文）受賞、2015年キッズデザイン賞・優秀賞（経済産業大臣賞）受賞。主な著書に、「設計方法 IV・V」（彰国社）、「人間－環境系のデザイン」（彰国社）、「記号としての芸術」（勁草書房）、「建築・都市計画のための空間計画学」（井上書院）、ほか。

編著者略歴

槇 文彦（まき ふみひこ）　1928年東京都生まれ。
東京大学工学部建築学科卒業。ハーバード大学大学院建築修士課程修了。ワシントン大学、ハーバード大学、東京大学で教鞭をとる。
1965年株式会社槇総合計画事務所設立。現在に至る。
代表作にヒルサイドテラス＋ウエストの他、岩崎美術館、スパイラル、幕張メッセ、東京体育館、慶應大学湘南藤沢キャンパス、風の丘葬祭場、三原市芸術文化センター、刀剣博物館、4 ワールド・トレード・センター、アガ・カーン ミュージアムなど。
プリツカー賞、朝日賞、高松宮殿下記念世界文化賞、日本建築学会大賞を受賞。
著書に『見えがくれする都市』（共著／鹿島出版会）、『記憶の形象』（筑摩書房）、作品集『槇文彦1－4』、『Recent Work Fumihiko Maki』（鹿島出版会）、『漂うモダニズム』（左右社）、ほか。

写真クレジット

朝倉健吾
　P.47
朝倉不動産
　P.38, 41左
アスピ
　P.28-29, 33
安斎重男
　P.42左
川田奎也
　P.21下
北嶋俊治
　P.25, 27, 86, 88, 89, 91下, 92下, 97下, 98, 106左, 106右, 107上, 108下, 111, 124, 128, 130, 131, 132上, 133, 134, 135
河野英夫
　P.21上, 81下
小林俊之
　P.92上
GAフォトグラファーズ
　P.20上
彰国社写真部
　P.12-13
新建築写真部
　P.10-11, 14, 19下, 22-23, 24, 26, 60, 65上, 77上, 79下右, 83下, 84, 85下, 90上, 106中, 113下, 116, 118
スタジオ建築計画
　P.32, 34, 35, 78
セカンドリビング研究会
　P.42右
田中宏明
　P.16-17
張在元
　P.79左上, 127, 129左
ベルトルト・アンド・リンケルスドルフ
　P.50
槇総合計画事務所
　P.1, 2-3, 4, 20下, 31, 36, 39, 41右, 43, 44-45, 49, 51, 53, 54, 55, 61, 64, 65左下, 65右下, 66, 67下, 68, 69, 70, 71, 73, 75, 76, 79上右, 79左下, 80, 81下, 82, 83上, 83中, 85上, 85中, 87, 90中, 90下, 91上左, 91上右, 94, 96上, 97上, 99上, 101, 102, 103, 104, 109, 113上, 117, 129右, 132下
宮本隆司／©KAWAMATA+on the table
　P.40右
門内輝行
　P.96下, 99下, 107中, 107下
門馬金昭
　P.12下, 13下, 15, 18, 19上, 46, 72, 74, 77下左, 77下右, 108上, 119, 120, 121, 122
Light On
　P.40左
和木通（彰国社）
　P.67上

図版提供

東京大学工学部建築学科鈴木博之研究室：P36

国土地理院：P27, 30

初出一覧

スロー・アーキテクチャー
　『Casa Brutus』2003年12月号／マガジンハウス

町が生き続ける仕組み
　「東京人」1999年10月号／都市出版の掲載文が加筆訂正され
　「集合住宅物語」／みすず書房に収録されたものを転載

伝統が息づく都市開発
　『Urban Land Japan』2002年冬号／ULI Japan

対談：街並みとしてのヒルサイドテラス＋ウエストの解読
　『SD』2000年1月号／鹿島出版会 に加筆訂正

参考文献

「ヒルサイドテラス白書」槇文彦＋アトリエ・ヒルサイド編著、
　住まい学大系071／住まいの図書館出版局、1995年
「ヒルサイドテラス物語」前田礼著／現代企画室、2002年
「INAX REPORT」No.137 1998年12月号／INAX
「代官山地域ステキな街づくりマップ（代スキマップ）」
　／代官山ステキな街づくり協議会、2005年

表紙デザイン ＋ 表紙写真

矢萩喜従郎

構成・レイアウト

志田巌（槇総合計画事務所）

大沼徹（元槇総合計画事務所所員）

ヒルサイドテラス+ウエストの世界
都市・建築・空間とその生活

2006年4月10日　第1刷発行
2019年12月10日　第2刷
編著者：槇 文彦
発行者：坪内文生
発行所：鹿島出版会
〒104-0028　東京都中央区八重洲2丁目5番14号
電話03-6202-5200　振替00160-2-180883
DTPオペレーション：高木達樹（しまうまデザイン）
シンクス
印刷：三美印刷
製本：牧製本
©Fumihiko Maki, Maki and Associates, 2006
ISBN978-4-306-04465-4　C3052
Printed in Japan

落丁・乱丁本はお取替えいたします。
本書の無断複製（コピー）は著作権法上での例外を除き禁じられております。
また、代行業者などに依頼してスキャンやデジタル化することは、
たとえ個人や家庭内の利用を目的とする場合でも著作権法違反です。

本書の内容に関するご意見・ご感想は下記までお寄せください。
URL:http://www.kajima-publishing.co.jp
E-mail:info@kajima-publishing.co.jp